A Jornada da Alma Nômade
Redescobrindo o Tengriismo

Allan Shepard

Booklas Publishing — 2025
Obra escrita originalmente em 2022.

Título Original: *The Journey of the Nomadic Soul - Rediscovering Tengriism*
Copyright © 2025, publicado por Luiz Antonio dos Santos ME.
Este livro é uma obra de não-ficção que explora práticas e conceitos no campo da espiritualidade ancestral, com foco no tengriismo. Através de uma abordagem profunda e poética, o autor reconstrói uma cosmovisão baseada na conexão entre céu, terra e humanidade.
1ª Edição
Equipe de Produção
Autor: Allan Shepard
Editor: Luiz Santos
Capa: Studios Booklas / Ailin Mendez
Consultor: Omar Takura
Pesquisadores: Maia Hoshin / Kairan Tolk / Beto Ramires
Diagramação: Edu Ralen
Tradução: Cláudio Ikenami

Publicação e Identificação
No Tempo dos Xamãs – Redescobrindo o Tengriismo
Booklas Publishing — 2025
Categorias: Espiritualidade / Religiões Ancestrais
DDC: 299.5 - **CDU:** 299.5:133.5

Todos os direitos reservados a:
Luiz Antonio dos Santos ME / Booklas
Nenhuma parte deste livro pode ser reproduzida, armazenada num sistema de recuperação ou transmitida por qualquer meio — eletrônico, mecânico, fotocópia, gravação ou outro — sem a autorização prévia e expressa do detentor dos direitos autorais.

Sumário

Índice Sistemático 5
Prólogo 10
Capítulo 1 Céu Eterno 14
Capítulo 2 Raízes Antigas 20
Capítulo 3 Alma Nômade 26
Capítulo 4 Deus do Céu 32
Capítulo 5 Mãe Terra 38
Capítulo 6 Espíritos da Natureza 44
Capítulo 7 Culto Ancestral 50
Capítulo 8 Três Mundos 56
Capítulo 9 Mundo Celestial 62
Capítulo 10 Mundo Subterrâneo 68
Capítulo 11 Múltiplas Almas 74
Capítulo 12 Xamã Mediador 80
Capítulo 13 Rituais Sagrados 86
Capítulo 14 Cura Xamânica 92
Capítulo 15 Totens e Símbolos 98
Capítulo 16 Locais Sagrados 105
Capítulo 17 Sincretismo Budista 111
Capítulo 18 Resistência Ancestral 117
Capítulo 19 Tengri e Islã 124
Capítulo 20 Tengri e Cristianismo 130
Capítulo 21 Modernidade Secular 136
Capítulo 22 Revivalismo Atual 141

Capítulo 23 Busca Espiritual 148
Capítulo 24 Xamanismo Siberiano 155
Capítulo 25 Tradições Indígenas 162
Capítulo 26 Visão Ecológica 169
Capítulo 27 Práticas Modernas 176
Capítulo 28 Valores e Ética 183
Capítulo 29 Identidade Espiritual 190
Capítulo 30 Conexão Sagrada 196
Capítulo 31 Ressignificação Moderna 202
Capítulo 32 Sabedoria Ancestral 209
Capítulo 33 Harmonia Cósmica 216
Epílogo 222

Índice Sistemático

Capítulo 1: Céu Eterno - Apresenta Tengri, o Céu Eterno, como a consciência do universo na espiritualidade tengriista, manifestada nos ciclos naturais e na vida dos nômades.

Capítulo 2: Raízes Antigas - Explora as origens do tengriismo nas estepes euro-asiáticas, sua ligação com o modo de vida nômade e sua persistência através dos tempos, influenciando povos e impérios.

Capítulo 3: Alma Nômade - Descreve a alma nômade como livre e conectada com o sagrado, onde a espiritualidade é entrelaçada com o cotidiano, a natureza e a comunidade.

Capítulo 4: Deus do Céu - Explora a figura de Tengri, o Deus do Céu, como a representação do próprio firmamento e da ordem cósmica, reverenciado não com temor, mas com reconhecimento e respeito.

Capítulo 5: Mãe Terra - Descreve a importância da Terra como divindade feminina, Etugen, que, juntamente com o Céu, sustenta a vida e o equilíbrio, sendo reverenciada com gratidão e cuidado.

Capítulo 6: Espíritos da Natureza - Apresenta a crença nos Iye, espíritos que habitam e animam os elementos naturais, exigindo respeito e convivência harmoniosa por parte dos humanos.

Capítulo 7: Culto Ancestral - Explora a importância da reverência aos ancestrais no tengriismo, vistos como protetores e guias espirituais, mantendo viva a ligação entre as gerações.

Capítulo 8: Três Mundos - Descreve a cosmologia tengriista dos três mundos - superior, médio e inferior - e a interconexão entre eles, influenciando a vida e as ações humanas.

Capítulo 9: Mundo Celestial - Explora o mundo celestial, morada de Tengri e outras divindades, como um plano de existência superior que influencia a vida na Terra.

Capítulo 10: Mundo Subterrâneo - Descreve o mundo subterrâneo, governado por Erlik Khan, como um reino de transformação e encontro com o oculto, necessário para o equilíbrio da existência.

Capítulo 11: Múltiplas Almas - Aborda a crença na existência de múltiplas almas no ser humano, cada uma com funções e características distintas, que precisam estar em equilíbrio para a saúde integral.

Capítulo 12: Xamã Mediador - Descreve o papel do xamã como intermediário entre os mundos visível e invisível, responsável por curar, guiar e manter o equilíbrio espiritual da comunidade.

Capítulo 13: Rituais Sagrados - Apresenta os rituais como elementos centrais na prática do tengriismo, promovendo a conexão entre os mundos e a harmonia entre os seres.

Capítulo 14: Cura Xamânica - Descreve as práticas de cura xamânica, que buscam restaurar o equilíbrio espiritual e energético do indivíduo, tratando as causas profundas das doenças.

Capítulo 15: Totens e Símbolos - Explora o uso de totens e símbolos como representações de forças espirituais e ancestrais, conectando os praticantes com a sabedoria e proteção do mundo invisível.

Capítulo 16: Locais Sagrados - Descreve a importância dos locais sagrados na geografia tengriista, como montanhas, rios e formações naturais, vistos como moradas de espíritos e portais para o divino.

Capítulo 17: Sincretismo Budista - Examina a fusão entre o tengriismo e o budismo lamaísta na Mongólia, resultando em práticas e crenças sincréticas que integram elementos de ambas as tradições.

Capítulo 18: Resistência Ancestral - Narra a persistência do tengriismo em face da repressão e do secularismo, mantendo-se vivo através da memória e das práticas discretas.

Capítulo 19: Tengri e Islã - Examina a interação entre o tengriismo e o Islã, mostrando como as duas tradições coexistiram e se influenciaram mutuamente, adaptando conceitos e práticas.

Capítulo 20: Tengri e Cristianismo - Analisa a relação entre o tengriismo e o cristianismo, marcada por uma tolerância inicial e uma incorporação de elementos cristãos dentro da cosmovisão tengriista.

Capítulo 21: Modernidade Secular - Aborda o impacto da modernidade secular, especialmente o comunismo, na supressão das tradições tengriistas e a subsequente resistência cultural.

Capítulo 22: Revivalismo Atual - Descreve o renascimento do tengriismo após o colapso da União Soviética, impulsionado pela busca de identidade e espiritualidade autêntica.

Capítulo 23: Busca Espiritual - Explora a crescente busca por espiritualidade autêntica e enraizada, que encontra no tengriismo um caminho relevante e conectado com a natureza.

Capítulo 24: Xamanismo Siberiano - Apresenta as diversas tradições xamânicas da Sibéria, suas semelhanças com o tengriismo e suas particularidades culturais.

Capítulo 25: Tradições Indígenas - Explora as semelhanças entre o tengriismo e as diversas tradições espirituais de povos indígenas ao redor do mundo, destacando a conexão com a natureza e o sagrado.

Capítulo 26: Visão Ecológica - Detalha a profunda conexão do tengriismo com a natureza, apresentando sua ética ecológica e sustentável.

Capítulo 27: Práticas Modernas - Descreve como o tengriismo é praticado nos tempos atuais, adaptado aos contextos urbanos e à vida moderna.

Capítulo 28: Valores e Ética - Apresenta os valores e princípios éticos do tengriismo, que emergem da relação entre o ser humano, a natureza e o cosmos.

Capítulo 29: Identidade Espiritual - Aborda a busca por identidade espiritual no tengriismo, marcada pela reconexão com as raízes ancestrais e a afirmação cultural.

Capítulo 30: Conexão Sagrada - Descreve a importância da conexão com o sagrado no tengriismo, manifestada na relação entre o ser humano, a natureza e o cosmos.

Capítulo 31: Ressignificação Moderna - Aborda a adaptação e a reinvenção do tengriismo no contexto moderno, buscando conciliar tradição e contemporaneidade.

Capítulo 32: Sabedoria Ancestral - Explora a sabedoria ancestral do tengriismo, transmitida oralmente e presente nas práticas cotidianas, mitos e rituais.

Capítulo 33: Harmonia Cósmica - Apresenta a noção de harmonia cósmica no tengriismo, compreendida como equilíbrio dinâmico entre as forças da vida e a interconexão entre todos os seres.

Prólogo

Vivemos tempos em que a espiritualidade, para muitos, tornou-se um ruído de fundo. Uma lembrança difusa. Um eco quase imperceptível que, ainda assim, insiste em chamar — especialmente nos momentos de silêncio mais profundos. A modernidade, com suas promessas de progresso, nos afastou de algo essencial. Em nome da racionalidade, perdemos a intimidade com o invisível. E assim, milhares caminham pelo mundo com um vazio que não sabem nomear. Sentem falta de algo — não sabem o quê. Mas sentem.

Essa ausência, embora sutil, reverbera em todas as esferas da vida. A ciência, antes cética em relação ao tema, agora confirma o que os antigos sabiam de forma intuitiva: a espiritualidade genuína não apenas nutre a mente, mas fortalece o corpo. Estudos clínicos cada vez mais numerosos mostram que práticas espirituais autênticas — aquelas que conectam o ser humano com algo maior que ele mesmo — reduzem níveis de estresse, melhoram a imunidade, equilibram emoções e ampliam a sensação de pertencimento. A espiritualidade, entendida como eixo existencial, é uma medicina invisível.

E, no entanto, muitas das religiões tradicionais falharam em manter viva essa chama. Tornaram-se, em boa parte, sistemas pesados, institucionalizados, comerciais. Falam de transcendência, mas oferecem regras. Prometem reconexão, mas entregam liturgias frias. O templo tornou-se empresa. O sagrado, espetáculo. E o ser humano, ao buscar abrigo espiritual, encontra corredores vazios ou vozes automatizadas.

É nesse cenário de busca e desencontro que uma nova tendência silenciosa se impõe: o retorno às origens. Não como regressão ao passado, mas como um reencontro com aquilo que precede os sistemas modernos. Há uma movimentação crescente de pessoas que procuram, nos vestígios dos povos antigos, uma espiritualidade viva, fluida, orgânica. Entre essas tradições esquecidas — mas nunca mortas — está o Tengriismo.

Este livro, que agora repousa em suas mãos, é uma porta aberta para esse reencontro.

O Tengriismo não nasceu em palácios nem foi revelado em tábuas sagradas. Ele emergiu do silêncio das estepes, do vento que canta entre as montanhas, da reverência instintiva dos nômades diante do céu. É uma espiritualidade que não separa o sagrado do cotidiano. Ela é o cotidiano. Está na forma como se toca a terra, como se agradece ao animal que oferece sua vida, como se ouve o conselho dos anciãos ou o aviso dos sonhos. Não exige dogmas, exige presença. E hoje, mais do que nunca, essa presença é urgente.

Ao ler esta obra, você não será apenas conduzido por relatos históricos ou descrições antropológicas. Você será tocado por uma sabedoria que ainda pulsa, que não foi extinta — apenas silenciada. Cada capítulo é uma reconexão com camadas profundas da experiência humana. Você encontrará aqui uma espiritualidade que fala diretamente à intuição, ao corpo, à memória ancestral que ainda vive em nós. Porque sim — mesmo entre muros de concreto e telas digitais — ainda somos filhos do céu e da terra.

O Tengriismo é, acima de tudo, uma cosmovisão: uma forma de perceber o mundo como um organismo vivo e interdependente. Não há hierarquia entre humano e natureza — há reciprocidade. Os rios são seres, os animais são guias, os sonhos são mapas. O Céu não é um local distante onde se projeta um deus punitivo, mas uma consciência abrangente, viva, que observa em silêncio e fala através dos ciclos. A Terra, por sua vez, é Mãe em sentido pleno — não metáfora, mas realidade. Tudo que nasce, cresce, morre e renasce, o faz entre esses dois pilares: Pai Céu e Mãe Terra.

Este livro é um convite — mas não daqueles que esperam sua resposta imediata. É um chamado que planta sementes. Talvez você o leia inteiro e só meses depois perceba seus efeitos. Talvez algo o toque já nas primeiras páginas. Em qualquer caso, sua leitura não será inócua. Ela desperta. Ela desloca. Ela cura.

Como editor, não me cabe ditar o valor de uma obra. Mas posso afirmar, com a experiência de quem leu cada linha, que este texto ultrapassa o papel. Ele vibra. Ele invoca. Ele nos reconecta com o que é essencial e, ao mesmo tempo, esquecido. Não espere fórmulas, nem promessas. O que você encontrará aqui é verdade — daquelas verdades que não gritam, mas sussurram. E que, por isso mesmo, transformam.

Seja qual for sua origem espiritual, esteja certo: há algo aqui para você. Uma lembrança que precisa ser reativada. Um fogo que deseja ser alimentado. Uma sabedoria que sempre foi sua, mas que talvez você tenha esquecido. O Tengriismo não quer convertê-lo. Ele apenas oferece uma lente. E quem vê por essa lente, enxerga um mundo onde tudo — absolutamente tudo — é sagrado.

Permita-se atravessar essas páginas com a alma aberta. Não com pressa, mas com reverência. Escute os silêncios. Sinta o ritmo dos antigos. Reconheça, em cada parágrafo, um espelho que revela não o passado, mas a eternidade que ainda pulsa agora.

Luiz Santos Editor

Capítulo 1
Céu Eterno

O céu não era apenas uma vastidão azul sobre as cabeças dos nômades; ele era a própria consciência do universo. Em cada sopro do vento nas estepes, em cada raio de sol filtrado entre as nuvens, sentia-se a presença de Tengri — o Céu Eterno, o espírito supremo que regia a vida e a morte com silêncio imperturbável. Nas longas viagens pelos campos abertos da Ásia Central, os olhos dos anciãos buscavam mais do que nuvens ou estrelas. Buscavam sinais, presságios, respostas. Pois no tengriismo, o céu é mais do que um pano de fundo cósmico: é o próprio Deus vivo, respirando sobre a Terra.

Os antigos túrquicos e mongóis não construíram templos de pedra. Suas catedrais eram as montanhas, suas capelas os vales abertos e seus altares o próprio solo sob seus pés. Viver sob Tengri era viver em consonância com a ordem invisível das coisas. O céu não falava em palavras, mas se manifestava através dos ciclos naturais, das mudanças climáticas, das migrações dos animais, do curso dos rios e da disposição dos astros. Para aquele que sabia ouvir, o Céu nunca estava em silêncio.

A espiritualidade tengriista floresceu entre os ventos do tempo sem necessidade de doutrinas escritas ou escrituras sagradas. Sua essência era oral, sensorial, visceral. O sagrado não era separado do mundo; ele se derramava sobre todas as coisas. O xamã não era sacerdote de um livro, mas de uma experiência. Ele lia os sinais do céu, interpretava os sonhos, caminhava entre os vivos e os mortos, os humanos e os espíritos. Era mediador entre os mundos, não porque detinha um título, mas porque sua alma ardia na frequência do invisível.

Tengri não era um ser com rosto ou nome multiplicado em idiomas. Ele era o azul profundo do firmamento, a vibração serena que paira sobre todas as coisas. Nas línguas túrquicas e mongólicas, a palavra "Tengri" é simultaneamente nome e substância: é o céu, é o deus, é o princípio de tudo. É a manifestação da ordem, da justiça, da força vital. E embora jamais representado com forma humana, sua presença era sentida com intensidade em cada nascimento, em cada colheita, em cada luto.

Os rituais realizados nas montanhas sagradas, no alto dos ovoos — aquelas pilhas de pedras decoradas com fitas azuis tremulando ao vento — eram atos de comunhão com o Céu. Ali, o nômade oferecia kumis, o leite fermentado dos cavalos, ou queimava galhos de zimbro, invocando a proteção de Tengri. Não se tratava de pedir favores a uma divindade distante, mas de se alinhar a uma força cósmica que já habitava o próprio sangue, o próprio fôlego, o próprio destino.

Não havia pecado no tengriismo. Havia desequilíbrio. Havia ruptura com o ciclo natural das coisas. Ofender Tengri era ferir a harmonia do mundo: desrespeitar a terra, matar sem necessidade, agir com desonra. O castigo não era imposto por um juízo moral transcendental, mas vinha na forma de colheitas fracassadas, doenças, tempestades — sinais inequívocos de que a conexão com o Céu havia sido comprometida.

Em um mundo onde tantas religiões competem por verdades absolutas, o tengriismo oferece outra via: a da escuta silenciosa, da humildade diante do mistério, da reverência à vida em sua forma mais ampla. Ele não exige conversão, não promete salvação, não separa fiéis de infiéis. Ele convida ao pertencimento. A olhar o céu e reconhecer-se parte dele. A tocar a terra e lembrar que dela viemos e para ela retornaremos.

Hoje, quando o concreto substitui os campos e a luz artificial esconde as estrelas, muitos voltam os olhos para esse antigo caminho espiritual. Em meio ao ruído das ideologias, a sabedoria silenciosa do Céu Eterno volta a ser ouvida. Nos vales do Altai, nos planaltos da Mongólia, nas estepes do Cazaquistão, renascem os cânticos, as danças, os rituais esquecidos. Jovens redescobrem os nomes dos ventos, os significados dos pássaros, os mapas celestes gravados na alma dos seus antepassados.

Para alguns, trata-se de resistência cultural. Para outros, de uma resposta ao vazio espiritual da modernidade. Mas para todos, há algo de profundamente reconfortante em saber que o céu não nos abandonou. Que, mesmo cobertos por satélites e ruídos eletrônicos, ainda podemos erguer os olhos e encontrar ali a mesma vastidão azul que nossos antepassados veneravam. Ainda podemos, com humildade e gratidão, dizer: "Tengri, Céu Eterno, eu te reconheço".

O retorno ao tengriismo não é um retorno ao passado, mas um reatamento com a origem. Não é regressão, é regeneração. Pois o céu nunca envelhece. Nunca se impõe. Ele simplesmente está. Presente. Observando. Guardando. Ouvindo as preces murmuradas no vento.

E o vento ainda fala. Para quem sabe escutar, ele sussurra histórias antigas e promessas eternas. Ele sopra nos ossos dos vivos e canta nos túmulos dos mortos. Ele carrega o espírito de Tengri, invisível, mas sempre presente, como um véu que cobre a Terra com dignidade, com justiça e com esperança.

Aqueles que retomam esse caminho não estão sozinhos. Ao redor do mundo, crescem os círculos, os ritos, os encontros sob o céu aberto. E cada vez que alguém, em qualquer canto do planeta, ergue uma pedra, acende um fogo ou derrama leite sobre a terra em reverência ao Céu, uma antiga chama se reacende. Não uma chama de nostalgia, mas de vigília. De presença. De ligação viva entre o visível e o invisível.

Pois o céu nunca caiu. Nós é que nos esquecemos de olhar para ele. E agora, ao lembrar, ao retornar, redescobrimos não apenas uma religião, mas um modo de estar no mundo. Um modo de respirar, de ouvir, de ser.

Ao restaurar essa antiga forma de espiritualidade, não se trata apenas de resgatar costumes ou repetir cerimônias ancestrais, mas de reencontrar um eixo interno, uma bússola que aponta para além do ruído cotidiano. O retorno a Tengri é também um retorno à escuta — escuta da natureza, do corpo, dos ciclos, das perdas e dos encontros. O xamã contemporâneo talvez já não use peles de lobo nem caminhe entre tendas fumacentas, mas ele carrega em si a mesma capacidade de perceber a delicada costura entre os mundos. O sagrado ressurge, assim, não como espetáculo, mas como presença viva no gesto simples, no silêncio partilhado, na consciência de que tudo está ligado.

Essa reconexão não requer que abandonemos nossas cidades ou tecnologias, mas que mudemos o modo como nos colocamos diante da vida. O céu, outrora companheiro dos nômades, pode ser o mesmo céu contemplado da janela de um prédio alto, desde que os olhos que o veem estejam abertos à sua profundidade. O espírito de Tengri não exige a estepe, mas pede espaço dentro da alma. E talvez esse seja o verdadeiro desafio moderno: cultivar uma interioridade vasta como os campos do Altai, aprender a ver o divino nos fluxos invisíveis que sustentam nossa existência, resgatando a reverência que antecede qualquer palavra.

Porque em tempos de pressa e esquecimento, lembrar-se do Céu Eterno é lembrar-se de si mesmo — não como indivíduo separado, mas como parte de um todo pulsante, antigo e sempre novo. O caminho que se abre diante dos que reconhecem essa verdade não está escrito em pedra nem desenhado em mapas. Ele é traçado no vento, revelado no ritmo das estrelas, sustentado pela memória viva dos que ainda ousam caminhar com os olhos voltados para o alto.

Capítulo 2
Raízes Antigas

Muito antes de qualquer palavra ser escrita em pergaminhos ou de qualquer dogma ser esculpido em pedra, as raízes do tengriismo já serpenteavam pelas vastidões sem fim das estepes euro-asiáticas. Essas raízes não se espalharam por imposição ou conquista, mas floresceram naturalmente, como o capim sob a geada primaveril. Elas se entrelaçaram com o modo de vida nômade, com os ritmos da terra, com os ventos que cruzavam as pradarias trazendo segredos de épocas esquecidas. O tengriismo nasceu ali onde o céu toca a terra sem intermediários, entre povos que viviam não sob tetos de pedra, mas sob a cúpula azul do firmamento eterno.

Povos como os göktürks, os xiongnu, os búlgaros primitivos e os mongóis encontraram em Tengri não uma autoridade abstrata, mas um reflexo direto da realidade que os envolvia. Eles eram filhos do céu e da estepe. Viver era mover-se em círculos – migrar com as estações, seguir os rebanhos, observar as estrelas. Nessa dança cósmica, cada gesto era sagrado. E o tengriismo, mais que uma religião no sentido moderno, era o fio invisível que costurava todos os aspectos da existência. Era cosmovisão, era ética, era memória.

As inscrições de Orkhon, cravadas nas rochas do século VIII, ainda ecoam como trovões ancestrais nas margens dos rios mongóis. Elas não são apenas registros históricos; são testamentos espirituais. Ali, vê-se a clara convicção de que o poder político dos cãs turcos vinha diretamente de Tengri. A liderança não era usurpação, mas mandamento celestial. Aquele que se afastasse do caminho do céu perdia seu direito de governar, e a desgraça não tardava a cair sobre seu povo. Essa concepção reforçava um pacto cósmico entre o governante e o céu – um contrato invisível, mas indiscutível.

Gêngis Khan, o nome que ainda ressoa como trovão nos anais do tempo, jamais se viu como simples conquistador. Ele se dizia filho do Céu Azul. Sua ascensão, suas vitórias, sua missão no mundo, tudo era compreendido como manifestação da vontade de Tengri. No alto da montanha Burkhan Khaldun, o jovem Temujin clamou a Tengri com lágrimas e promessas. Ali, entre as pedras e os céus, selou-se uma aliança que guiaria os passos daquele que se tornaria o unificador das tribos e terror dos impérios.

Mas o tengriismo que inspirou Gêngis Khan não era um sistema fechado, nem uma doutrina fossilizada. Ele era um campo fértil, povoado por uma miríade de espíritos da natureza, antepassados venerados e entidades telúricas. Era um politeísmo fluido, onde cada rio tinha um nome, cada monte um guardião, cada animal um espírito. Os xamãs, como jardineiros dessa paisagem invisível, mantinham o equilíbrio entre os mundos. Com seus tambores e cânticos, atravessavam os véus da realidade comum para dialogar com as forças que moldavam o destino da tribo.

Essa espiritualidade oral, transmitida por cantores, contadores de histórias e anciãos, resistiu ao tempo com a teimosia das raízes profundas. Mesmo sem escrituras formais, ela permaneceu viva – porque estava inscrita nas práticas diárias, nos ritos sazonais, nas relações sociais. Cada nascimento era acompanhado por rituais de proteção. Cada casamento, por bênçãos do céu. Cada morte, por cânticos que guiavam a alma até os domínios dos ancestrais. Não havia separação entre o sagrado e o cotidiano.

E mesmo quando impérios floresceram e caíram, mesmo quando religiões organizadas avançaram com missionários e exércitos, o tengriismo persistiu. Ele se adaptou, se ocultou, se transformou, mas nunca desapareceu. Durante os períodos de influência islâmica e budista, elementos tengriistas foram incorporados aos novos sistemas. Um santuário podia se tornar uma mesquita; um ovoo, uma capela. Mas o espírito que sussurrava entre as pedras e nos cantos das avós continuava o mesmo.

Pesquisas antropológicas modernas revelam a complexidade e a profundidade dessa religião ancestral. Ela não pode ser reduzida a um mero animismo ou a um xamanismo genérico. Ela é, ao mesmo tempo, fé cósmica e ecologia espiritual. Uma rede de significados que conecta humanos, animais, céus e terras em uma teia viva. Seus mitos não são fábulas infantis, mas mapas de compreensão da realidade. Seus rituais, muito além do simbolismo, são ferramentas de reequilíbrio energético e comunhão com o todo.

Durante os tempos de dominação soviética, quando religiões tradicionais foram perseguidas e a cultura nativa reprimida, o tengriismo sobreviveu em canções populares, provérbios, costumes camponeses. O leite ainda era derramado ao solo em oferenda silenciosa. O vento ainda era saudado com reverência. Os nomes antigos ainda ecoavam nos batismos secretos. A estepe, silenciosa e orgulhosa, guardava sua espiritualidade como se guarda um fogo sob as cinzas.

Hoje, ao se retomar essas raízes, não se trata de um retorno arqueológico, mas de um reencontro com algo que nunca deixou de estar presente. O tengriismo volta a florescer não como exotismo ou reconstrução folclórica, mas como expressão autêntica de uma alma coletiva que resistiu aos séculos. Ele emerge com a força de uma memória viva, que não precisa ser reinventada, apenas relembrada.

As raízes antigas do tengriismo estão, portanto, não apenas nas estepes ou nas ruínas das inscrições de Orkhon. Elas estão na língua que se fala, nos gestos que se repetem sem saber por quê, nas saudades inexplicáveis de um tempo onde o céu era o teto de todos e o vento era conselheiro. Estão nos olhos dos que, diante da vastidão, compreendem que há algo maior observando, guiando, esperando.

A cada passo dado nesse solo sagrado, a cada respiração sob o céu azul profundo, essas raízes se renovam. Elas não crescem para baixo, mas para dentro. Elas não sustentam árvores, mas consciências. E em tempos onde tantos se perguntam quem são, de onde vêm e para onde vão, o tengriismo oferece uma resposta que não vem em frases feitas, mas em presenças silenciosas: você é parte do todo. Você veio do céu e da terra. E o caminho de volta está sob seus pés, escrito no vento, tatuado nas nuvens.

Essa força subterrânea, que nunca precisou de muros ou hierarquias para existir, hoje ressurge não como resíduo de um passado distante, mas como farol para um presente em busca de sentido. Ao contrário das religiões que prometem mundos futuros, o tengriismo fala de um agora sagrado — de uma eternidade que pulsa no instante, de uma harmonia que não precisa ser conquistada, mas reconhecida. Ele não impõe caminhos, apenas acende uma percepção: a de que o ser humano é parte de uma corrente ancestral que canta em cada pedra, em cada animal, em cada sopro de ar. O retorno a essa percepção não é abandono do mundo moderno, mas a sua reintegração com o invisível que o sustenta.

Nas comunidades onde esse saber permanece vivo, mesmo que fragmentado, pode-se perceber um senso de pertencimento que transcende o tempo. Não é apenas orgulho étnico ou busca por identidade; é memória instintiva, como se as almas carregassem em seu silêncio a cadência de antigos tambores. Os jovens que hoje escutam os ensinamentos dos mais velhos, que voltam aos vales para acender fogueiras e celebrar os solstícios, não estão apenas revivendo rituais — estão continuando uma conversa iniciada há milênios entre o céu e a terra. Estão respondendo ao chamado de algo que jamais os deixou, apenas aguardava ser lembrado.

E assim, no compasso lento da memória desperta, as raízes se afirmam, não para prender, mas para ancorar. Elas não limitam, mas oferecem direção. São raízes que nutrem um modo de ser no mundo onde o sagrado não se encontra num altar distante, mas no gesto de quem respeita o ciclo da vida. Ao retomar esse caminho ancestral, não se volta apenas às práticas dos antigos, mas à escuta profunda do que ainda vive neles — e em nós. Pois mesmo sob a pele do presente, o espírito das estepes ainda caminha, ainda canta, ainda sonha.

Capítulo 3
Alma Nômade

A alma dos povos nômades não se deixa capturar por palavras simples. Ela não se fixa em definições; escapa como o vento pelas frestas de uma tenda, caminha junto com o gado pelas estepes, dorme sob o céu estrelado e desperta com o primeiro canto dos pássaros. Essa alma nômade é, antes de tudo, livre – e no coração dessa liberdade pulsa uma espiritualidade sem paredes, sem dogmas, sem fronteiras: o tengriismo.

Entre os mongóis e turcos da Ásia Central, a religião não era um compartimento isolado da vida, como um templo ao qual se vai em horários marcados. Era um estado constante de consciência. Tudo estava imerso no sagrado: o alimento colhido com esforço, o fogo que aquecia, o cavalo que conduzia, o silêncio da planície ao anoitecer. Cada elemento do cotidiano era uma extensão da alma, e a alma era parte indissociável do mundo. Viver significava coexistir com forças maiores, mas nunca se submeter cegamente – era um diálogo com a natureza, com os espíritos, com o próprio céu.

A organização tribal refletia essa visão. Não havia hierarquias eclesiásticas, nem castas espirituais. O xamã era um mediador, não um dominador. O ancião era um sábio, não um legislador. A autoridade não nascia da imposição, mas da escuta, da experiência e do respeito mútuo. O conceito de hospitalidade, por exemplo, transcendia a mera cortesia: receber alguém em casa era reconhecer que todos pertencem à mesma família espiritual, todos são filhos do Céu e da Terra, todos merecem abrigo, comida e palavras verdadeiras.

Essa vivência religiosa encarnava-se nos movimentos sazonais. A cada estação, uma nova configuração espiritual surgia. No verão, os campos verdes eram sinal de bênçãos de Tengri; no inverno, a neve caía como véu protetor sobre os seres vivos. O pastoreio, atividade essencial, não era apenas meio de subsistência, mas também rito. Escolher os locais de acampamento envolvia observação do comportamento dos animais, das formações das nuvens, das estrelas visíveis. O tempo era circular – não havia começo nem fim, apenas renovação eterna, em consonância com a roda do céu.

O céu aberto acima das planícies imprimia nos nômades um sentido inato de reverência. Era impossível olhar para a vastidão e não sentir algo ressoando dentro do peito – um chamado, uma memória, um sentimento de pertencimento maior. Esse céu não era um lugar distante, mas uma presença. Tengri, o Céu Azul, era o guardião silencioso, o juiz incorruptível, o pai invisível que observava sem punir, mas também sem ser enganado. Cada decisão – uma migração, um combate, uma colheita – precisava estar em sintonia com os presságios do céu, com os conselhos dos espíritos, com a sabedoria dos xamãs.

Não por acaso, cada montanha, cada lago, cada bando de pássaros carregava um significado espiritual. Os rios eram veias da Mãe Terra; os ventos, sussurros do Pai Céu. Abater um animal exigia um ritual de permissão; cortar uma árvore, uma prece de agradecimento. O mundo não era um recurso, mas um parente. E o respeito não era imposto – era intuitivo. Aquele que vivia na estepe sabia que a arrogância era punida não por deuses coléricos, mas pela própria natureza: uma nevasca fora de hora, uma seca prolongada, um rebanho adoecido. O equilíbrio era a única lei, e o desequilíbrio, a única transgressão.

Essa maneira de viver e crer criou um código moral silencioso, mas profundamente eficaz. O corajoso era respeitado, mas o arrogante era evitado. O generoso era honrado, mas o avarento era esquecido. O cuidadoso com a terra era admirado; o destruidor, amaldiçoado. Esse ethos nômade não se ensinava com livros, mas com exemplos. As crianças aprendiam observando: como o pai montava o cavalo, como a mãe cuidava do fogo, como os mais velhos conversavam com o vento.

Dentro das tendas de feltro, chamadas yurtas ou gers, o fogo central representava mais do que calor: era o coração do lar, a conexão com os antepassados, o ponto de ligação entre os mundos. Acender o fogo era um ato ritual. Falar alto diante dele era considerado desrespeito. Derramar água sobre as chamas, uma ofensa grave. O fogo era masculino e feminino, terreno e celeste, purificador e comunicador. Ao redor dele, as famílias se reuniam para compartilhar histórias, curas, canções – e, assim, a espiritualidade era transmitida, como brasa que passa de uma madeira a outra sem se apagar.

Essa fusão entre vida e crença é talvez o traço mais marcante do tengriismo. Não se tratava de uma religião que pedia fé cega, mas de uma vivência que exigia presença. O céu estava ali, todos os dias, mudando de cor, anunciando mudanças, respondendo sem palavras. A alma nômade sabia ouvir. E porque sabia ouvir, sabia viver.

Quando os xamãs entravam em transe, dançando ao som do tambor, não se isolavam em templos; faziam isso diante do clã, sob o céu aberto, com o vento como testemunha. A comunidade acompanhava, não como espectadores, mas como participantes. Cada batida do tambor era como o pulsar da terra, cada cântico, um fio lançado entre os mundos. Os presságios recebidos ali guiavam decisões que podiam mudar o destino de todos.

A mobilidade constante dos nômades não os afastava da espiritualidade – ao contrário, era ela que permitia que a fé seguisse viva e pulsante. Não havia como esquecer o sagrado quando se caminhava sobre ele, quando se dormia envolto nele, quando se dependia dele para cada novo dia. O caminho era templo. O horizonte era altar. E a própria jornada era oração.

Hoje, nas cidades construídas sobre as antigas rotas das caravanas, muitos sentem uma saudade indefinida. É o eco da alma nômade, ainda vibrando sob o asfalto, ainda sussurrando entre os postes e as antenas. Essa alma não morreu. Ela apenas silenciou. Mas bastam alguns dias ao ar livre, alguns momentos de silêncio diante do céu, e ela desperta. Lembra-se.

Reconhece. E reencontra, no mais íntimo do ser, a trilha de volta ao grande campo azul onde tudo começou.

sse reencontro não exige a reconstrução literal de um estilo de vida, mas convida a um retorno interior, a uma escuta atenta daquilo que a modernidade tentou calar: o instinto, a comunhão, a humildade diante do desconhecido. Em meio à agitação dos dias corridos, a alma nômade ainda pode viver – não necessariamente percorrendo estepes infinitas, mas resgatando a fluidez, a leveza e a atenção que guiavam os antigos. Trata-se de mover-se com sentido, de não fixar-se em certezas rígidas, de aceitar o ciclo como mestre e o céu como espelho. É possível ser nômade sem sair do lugar, quando se carrega dentro de si o respeito pelas forças que sustentam o mundo.

A sabedoria desses povos permanece não como uma peça de museu, mas como um convite sempre atual a viver com inteireza. O fogo pode ser simbólico, mas seu calor é real: está na escuta entre gerações, na partilha sincera, no cuidado com aquilo que alimenta e aquece. Há, em cada pessoa, a possibilidade de reacender esse centro invisível, de reconstruir o lar onde a espiritualidade e o cotidiano se tocam. O que os nômades ensinaram com seus passos é que a fé não se carrega em livros, mas em gestos. Que a sacralidade não precisa de ornamentos, apenas de presença.

E talvez seja esse o maior legado da alma nômade: a certeza de que o caminho importa mais que o destino. De que a vida não precisa ser dominada, apenas compreendida em sua dança eterna de mudanças e permanências. O céu continua onde sempre esteve, e o vento, ainda hoje, canta nomes antigos nos ouvidos atentos. Cabe a nós decidir se queremos apenas sobreviver entre muros, ou viver plenamente sob o mesmo firmamento que guiou os passos dos que vieram antes.

Capítulo 4
Deus do Céu

Tengri. Nenhum outro nome pronunciado entre os povos nômades da Ásia Central evocava tamanho silêncio reverente. E não porque houvesse temor, mas porque havia reconhecimento. Tengri não era um deus distante a ser temido; tampouco era uma entidade humanizada que exigia servidão. Ele era o Céu em si – azul, vasto, infinito, sereno. Um poder que se impunha não pela força, mas pela presença. Ao contrário das divindades esculpidas em templos, Tengri nunca foi representado por mãos humanas. Ele não cabia em formas, não residia em imagens, não se deixava reduzir a símbolos. Sua morada era o próprio firmamento. Seu altar, a abóbada celeste. Sua linguagem, o silêncio cósmico.

A palavra "Tengri", nas línguas turcomongóis, carrega em si uma dualidade: designa ao mesmo tempo o céu físico e a consciência suprema que o habita. Não há separação entre matéria e espírito. O céu azul que se estende sobre as estepes não é apenas uma camada atmosférica – ele é espírito, consciência, divindade. Chamá-lo de "Pai Céu" não é metáfora; é constatação espiritual. E nesse Pai não se projetam os traumas ou expectativas humanas. Ele não pune com ira, não recompensa com favoritismo. Ele observa, mantém a ordem, sustenta o ciclo eterno da vida e da morte.

Kök Tengri – o "Céu Azul" – era visto como o mais elevado dos poderes. Mas mesmo essa palavra "poder" precisa ser manuseada com cuidado. Tengri não dominava; ele permeava. Sua supremacia não se baseava em coerção, mas em harmonia. A ordem cósmica, chamada *törü* entre os antigos túrquicos, era a expressão do equilíbrio querido por Tengri. Romper essa ordem – mentir, agir com cobiça, desrespeitar a natureza – era ir contra o Céu. E não havia necessidade de intermediários para saber disso: bastava olhar para dentro, e olhar para cima.

Nas antigas tradições imperiais, os cãs recebiam sua autoridade diretamente de Tengri. O governante ideal não era o mais forte, nem o mais astuto – era aquele que melhor refletia a vontade do Céu. Esse conceito, profundamente enraizado, fez do poder político uma extensão da ordem espiritual. O cã não era apenas chefe militar; era o elo entre o povo e o Céu. Seus atos precisavam estar alinhados com a justiça cósmica. Se houvesse seca, peste ou derrota em guerra, entendia-se que o governante havia perdido o favor de Tengri. Era, portanto, tempo de mudança.

Essa legitimidade celeste era confirmada por rituais, visões e oráculos. O xamã, em transe, podia ouvir o chamado do Céu e identificar o escolhido. Não raro, um líder surgia dos menos esperados – não por hereditariedade, mas por mérito espiritual. Gêngis Khan, por exemplo, afirmou ter recebido seu destino diretamente de Tengri. Sua vitória não era apenas conquista humana, mas expressão de um desígnio superior. E essa crença não servia de propaganda – era vivida como realidade. Quando os guerreiros cavalgavam sob o céu azul, não o faziam apenas com armas; levavam consigo a bênção invisível do Céu Eterno.

Sob Tengri, existiam outras divindades e espíritos. Mas nenhum deles rivalizava com sua supremacia. Eles eram manifestações menores – às vezes forças da natureza, às vezes ancestrais divinizados, às vezes entidades tutelares. Mas sempre subordinados ao Céu Azul. A estrutura espiritual do tengriismo, embora flexível, reconhecia uma hierarquia clara: Tengri acima de tudo, depois as potências celestes, os espíritos da terra, e por fim, os seres humanos. Mas mesmo os humanos, com toda sua fragilidade, podiam acessar a sabedoria do Céu – bastava estar em harmonia com ele.

Essa acessibilidade tornava Tengri ao mesmo tempo transcendente e íntimo. Ele não precisava de igrejas, de dogmas, de sacerdotes. Bastava erguer os olhos. Bastava ouvir o vento. Bastava sentir a justiça nas próprias ações. Era possível falar com Tengri do alto de uma montanha ou diante de uma lareira doméstica. Era possível pedir proteção ao atravessar uma tempestade ou agradecer por um parto bem-sucedido. Tengri estava sempre presente, mas jamais invasivo.

A linguagem usada para se referir a ele revela muito sobre essa relação. "Mongke Tengri", o Céu Eterno, era chamado para testemunhar juramentos solenes. Quando alguém mentia em seu nome, dizia-se que o próprio céu viraria contra tal pessoa – e os ventos, a seca, a enfermidade, viriam como retaliação impessoal. Não por vingança, mas como restauração da ordem. Era a expressão da justiça natural, não da cólera de um deus ferido.

Os rituais dedicados a Tengri não envolviam dogmas ou liturgias fixas. Eram atos de conexão. Sacrificar um cavalo branco – símbolo de pureza e nobreza – era uma das formas mais profundas de reverência. Esse sacrifício, porém, não era feito levianamente. Requeria cerimônia, jejum, pureza de intenção. E mesmo assim, não era o sangue em si que agradava ao Céu, mas a sinceridade do gesto. Em tempos modernos, esses rituais foram substituídos por oferendas simbólicas – leite, kumis, tabaco, pedras azuis. A essência continua: reconhecer o dom da vida, devolver parte ao universo, manter o fluxo.

A ausência de forma física atribuída a Tengri nunca foi sinal de limitação, mas de transcendência. Ele era todas as formas e nenhuma. Era o movimento dos planetas, o silêncio da noite, a linha do horizonte. Compará-lo ao conceito chinês de Tian é válido até certo ponto – ambos representam o Céu como princípio ordenador – mas Tengri carrega uma qualidade única: ele é ao mesmo tempo destino e caminho. Não uma entidade que julga após a morte, mas uma presença que orienta a cada instante da vida.

A espiritualidade centrada em Tengri não cria separações entre céu e terra, entre sagrado e profano. Ela ensina que tudo é manifestação do mesmo princípio. Que cada gesto conta. Que cada palavra dita sob o céu é ouvida. Que cada ação carrega consequências cósmicas.

Assim, viver em consonância com Tengri é mais do que uma crença – é uma ética. Uma maneira de estar no mundo com respeito, com dignidade, com consciência.

    Nos dias atuais, em que muitas vezes se busca o divino em palavras rebuscadas ou instituições complicadas, o chamado de Tengri soa com uma simplicidade cortante. Olhe o céu. Respire fundo. Aja com verdade. Agradeça. Proteja. A sabedoria do Céu Eterno não precisa ser decifrada – ela precisa ser vivida.

    Essa vivência, ancorada na simplicidade e na inteireza, convida não à contemplação passiva, mas a um engajamento profundo com a vida tal como ela é. Tengri não exige renúncia, mas presença. Não demanda fé cega, mas coerência entre o que se pensa, o que se sente e o que se faz. Em um mundo saturado por imagens, discursos e promessas, sua força está justamente em não ser visível — mas sensível. Ele não aparece, mas se revela. E se revela em gestos mínimos: na maneira como tratamos os animais, como pisamos a terra, como olhamos nos olhos dos outros. Cada instante pode ser um altar, se for habitado com consciência.

    O retorno a essa espiritualidade do Céu não significa recusar as conquistas do presente, mas reencantar o olhar. É possível viver entre máquinas e memórias, entre tecnologia e tradição, e ainda assim manter viva a escuta do invisível. Tengri não desapareceu com o avanço das cidades — apenas se calou diante do barulho. Mas basta um momento de silêncio verdadeiro para que ele se faça sentir novamente. E quando isso acontece, não é uma revelação estrondosa, mas um assentamento interno.

Como se algo dentro do peito, há muito desalinhado, finalmente encontrasse seu eixo. Sua direção.

    Pois o Céu continua onde sempre esteve — vasto, azul, infinito. E sua mensagem permanece clara, mesmo que muitos tenham esquecido como ouvi-la. Viver sob Tengri é lembrar-se de que cada vida é parte de uma ordem maior. É assumir a responsabilidade sagrada por cada escolha, cada palavra, cada silêncio. E ao fazer isso, não se está apenas reverenciando um deus ancestral, mas reaproximando-se de uma verdade essencial: a de que somos, todos, filhos do Céu e da Terra — e que caminhar entre ambos, com dignidade, é tudo o que o Céu espera de nós.

Capítulo 5
Mãe Terra

Se o céu é o pai eterno que observa em silêncio do alto, a terra é a mãe viva que acolhe com braços férteis cada passo, cada semente, cada suspiro. No coração da espiritualidade tengriista, essa dualidade não é oposição – é união. O ser humano não nasce do acaso ou de processos impessoais: ele brota da união sagrada entre o Céu Azul e a Terra Negra. Um casamento cósmico que não apenas dá origem à vida, mas sustenta o equilíbrio de tudo que existe.

Etugen, a Mãe Terra, é a deusa cuja presença pulsa em cada colina, em cada floresta, em cada cova onde se repousam os mortos e onde germinam os grãos. Ela não é vista como uma figura distante ou abstrata. É viva, tangível, presente. Seu ventre é o solo, seu hálito são os ventos suaves, seu sangue são os rios. Para os povos nômades da Ásia Central, honrar Etugen era tão essencial quanto reverenciar Tengri. Se o céu era invocado com os olhos erguidos, a terra era reverenciada com os pés descalços e as mãos mergulhadas no barro.

A tradição turco-mongol conserva outra figura feminina de imenso poder: Umay, a protetora da infância e da fertilidade. Enquanto Etugen representa o útero cósmico, Umay vigia os recém-nascidos e zela pelos partos. Ela é invocada pelas mães, celebrada em cânticos suaves, reconhecida no calor da lareira e na segurança do colo materno. Seu nome ecoa em amuletos, bordados e bênçãos passadas de geração em geração. Entre os xamãs, ela é vista como espírito guia que protege as crianças até que cresçam e possam se conectar por si mesmas com o Céu e a Terra.

Essas figuras femininas não são apêndices secundários de um panteão dominado pelo masculino. Elas são centrais, vitais, indispensáveis. No tengriismo, a complementaridade entre masculino e feminino não é uma construção teórica – é uma realidade viva. Céu e Terra não competem, coexistem. Pai Céu fornece o espírito, Mãe Terra dá o corpo. A vida nasce da junção dos dois. E por isso, o respeito à terra não é apenas uma questão de ecologia – é uma reverência filial, um reconhecimento de que pisamos sobre a carne da própria deusa que nos gerou.

Em tempos de semeadura, os nômades cantavam hinos de gratidão à Terra. Quando uma pastagem dava frutos além do esperado, considerava-se que Etugen estava satisfeita. Mas se havia estiagem, se a terra secava, compreendia-se que algo havia sido rompido: talvez um espírito local estivesse ofendido, talvez uma oferenda tivesse sido esquecida. Corrigir isso era mais do que um rito – era um dever moral. Derramava-se leite fresco sobre a terra. Enterrava-se grãos dourados como oferenda. Acendia-se incenso de zimbro nos campos. Cada gesto carregava intenção: pedir perdão, renovar o laço, restaurar a harmonia.

Para o nômade, a terra não era propriedade. Era parente. Mais do que isso: era mãe. E com mãe não se negocia, não se explora, não se domina. Com mãe, convive-se. Compartilha-se. Cuida-se. Essa visão impregna todo o modo de vida nômade: não se constrói cidades, pois fincar alicerces é como cravar estacas no corpo da mãe. Move-se de estação em estação, permitindo que os campos respirem, que a natureza se recomponha. Essa mobilidade não é só pragmática – é espiritual. É a maneira de não sobrecarregar a mãe com as exigências humanas.

As montanhas, particularmente, eram vistas como seios da Mãe Terra. Dela jorravam águas puras, vida, refúgio. Os clãs frequentemente escolhiam uma montanha tutelar – não apenas como ponto de orientação, mas como entidade viva que protegia e inspirava. Escalar a montanha em certos momentos do ano era uma peregrinação. Ao atingir o topo, os devotos deixavam oferendas, cantavam, conversavam com os espíritos locais. Não se tratava de superstição, mas de uma experiência de conexão direta. Sentia-se a pulsação da Terra. Ouvia-se sua voz, ainda que em silêncio.

Em rituais de casamento, os xamãs frequentemente chamavam Céu e Terra como testemunhas. A união de duas pessoas era espelho da união cósmica que originou o mundo. O lar construído a partir desse casamento era visto como microcosmo da ordem universal. O fogo aceso na tenda era o coração da Terra alimentado pelo sopro do Céu. E por isso, qualquer ato de desrespeito dentro de casa – violência, mentira, egoísmo – era interpretado como um rompimento da harmonia cósmica. Punia-se não com castigos externos, mas com desordem interna: infertilidade, enfermidade, desgraça.

A percepção sagrada da terra impunha também limites claros à ação humana. Caçar apenas o necessário. Nunca matar fêmeas prenhas. Recolher plantas com cuidado, agradecendo ao espírito da planta. Não poluir rios, nem derramar sangue em locais sagrados. Cada ação tinha peso. Cada gesto podia fortalecer ou enfraquecer a relação com a Mãe. Por isso, entre os povos mais antigos, havia histórias que ensinavam esses valores através de mitos: o caçador que matou em excesso e foi devorado por lobos, o homem que ofendeu a montanha e perdeu seus filhos, a mulher que não honrou Umay e teve seus sonhos roubados.

No mundo contemporâneo, essas narrativas podem parecer simbólicas, mas para os nômades eram vividas com literalidade. A Terra era viva. Tinha humor, tinha ciclos, tinha justiça. Quando feliz, oferecia tudo. Quando ofendida, retirava seu sustento. E isso não era castigo – era apenas resposta.

Essa visão produziu sociedades altamente sustentáveis. Viviam com pouco, mas viviam com abundância interior. Sabiam o que colher, o que deixar. Respeitavam os sinais, não forçavam os tempos. Havia fome? Aprendia-se a esperar. Havia frio? Agradecia-se pelo abrigo da mãe. Cada desafio natural era uma lição, não uma guerra. Porque guerrear contra a terra é guerrear contra si mesmo. E o tengriismo sempre soube disso.

No presente, essa sabedoria ancestral começa a despertar novamente. Quando o solo clama por socorro, quando a água rareia, quando as cidades sufocam em concreto, os herdeiros da Mãe Terra se lembram de que há um caminho antigo, testado, eficaz: o caminho da reverência. Não da exploração. Não do consumo. Mas do cuidado amoroso, do respeito profundo, da gratidão silenciosa.

Resgatar Etugen não é retornar ao passado, mas recuperar o elo perdido entre humanidade e natureza. É reconhecer que não somos donos de nada, apenas passageiros no ventre generoso de uma deusa que, mesmo ferida, ainda espera por reconciliação. A Mãe Terra ainda respira sob nossos pés. Ainda canta através dos ventos. Ainda chora pelas florestas queimadas. Mas também sorri quando a tratamos com carinho.

Em tempos de urgência ecológica e alienação crescente, a espiritualidade encarnada na figura de Etugen oferece mais do que uma alternativa religiosa: oferece um paradigma. Um modo de ver e viver que recoloca o humano em sua real dimensão — não como centro do mundo, mas como parte de uma rede viva, ancestral e sagrada. Esse paradigma não se impõe por dogmas, mas floresce a partir do reconhecimento de que a vida, em todas as suas formas, é expressão da mesma mãe. A reverência à Terra não é um ideal abstrato: é uma prática cotidiana, um modo de agir que começa nos pequenos gestos e se estende até as grandes escolhas.

Voltar os olhos à Mãe Terra é, portanto, reaprender a escutar. Escutar os sinais do corpo, os ritmos das estações, o silêncio das montanhas. É perceber que caminhar sobre o chão não é ato banal, mas reencontro com um ventre antigo que ainda pulsa sob nossos pés. É possível viver nas cidades e ainda honrar Etugen — bastando cultivar o respeito, a escuta e o cuidado. Não se trata de nostalgia, mas de reconexão. Pois aquilo que foi vivido com sabedoria pelos povos nômades não pertence apenas ao passado: pertence a qualquer tempo em que o ser humano deseje viver em harmonia com aquilo que o sustenta.

A Mãe Terra não exige louvores, mas consciência. Seu clamor é simples, sua linguagem clara: cuidar para continuar. Ouvir para permanecer. Agradecer para pertencer. Quando compreendemos isso, a espiritualidade deixa de ser busca por respostas e se torna prática de presença. Etugen nos ensina que o solo que pisamos é também o solo que seremos, e que o respeito à Terra é, em última instância, respeito à nossa própria origem. Porque viver com ela, e não contra ela, é o primeiro passo de qualquer caminho que pretenda levar, de fato, à sabedoria.

Capítulo 6
Espíritos da Natureza

A paisagem que se estende sem fim sob o céu azul não é silenciosa. Ainda que aos ouvidos modernos pareça vazia, ela está repleta de vozes. Vozes que não falam em idiomas humanos, mas em brisas, movimentos, presenças. No coração do tengriismo, essa compreensão é viva: o mundo natural não é apenas cenário. Ele é habitado, consciente, cheio de intenções. Cada pedra, cada rio, cada árvore guarda um espírito. Esses espíritos da natureza, chamados de *iye*, não são conceitos simbólicos nem seres folclóricos – são entidades reais, sensíveis, com vontade própria, com quem o ser humano precisa conviver respeitosamente.

Para os povos túrquicos e mongóis, a natureza era um grande corpo vivo. Cada elemento – água, fogo, terra, ar – era animado por uma força invisível. Os *iye* eram os guardiões desses elementos. Um lago não era apenas um espelho d'água: era morada de uma consciência. Uma montanha não era apenas elevação geográfica: era o trono de um espírito ancestral. E assim como se deve respeito a um ancião ou a um hóspede, também se deve respeito a esses seres invisíveis. Porque, embora não se deixem ver, eles observam. E respondem.

Cada tribo nômade conhecia os *iye* de sua região. Havia rios que não podiam ser atravessados sem prece. Árvores que não podiam ser cortadas sem oferenda. Rochas que não podiam ser movidas sem permissão. Às vezes, uma nascente era chamada de "avó do clã". Às vezes, uma pedra solitária no meio da estepe era considerada sentinela espiritual. Esses lugares tornavam-se pontos de encontro entre o visível e o invisível. Eram altares sem muros, templos sem portas.

Os xamãs conheciam os nomes desses espíritos. Sabiam invocá-los, acalmá-los, oferecer-lhes aquilo de que gostavam: leite, gordura, tabaco, cantos, silêncio. Quando um clã chegava a uma nova pastagem, era dever do xamã apresentar-se aos *iye* do lugar, declarar intenções pacíficas, pedir licença. E quando algo ia mal – uma doença súbita, um acidente estranho, um pressentimento inquietante – dizia-se que um espírito local havia sido ofendido. O remédio não era apenas físico: era preciso restaurar o vínculo.

Esses ritos não obedeciam a fórmulas universais. Eram íntimos, locais, transmitidos por linhagem oral. Alguns espíritos exigiam silêncio absoluto. Outros gostavam de música. Alguns se revelavam em sonhos. Outros em comportamentos de animais. Um lobo que uiva de forma diferente. Um pássaro que voa contra o vento. Um cão que se recusa a entrar em determinada área. Tudo isso era lido como mensagem. Porque os *iye* não falam por voz, mas por sinais.

Entre as criaturas vivas, certos animais eram considerados manifestações especiais desses espíritos. O lobo, por exemplo, era visto como guia ancestral. O cavalo, como mensageiro entre mundos. A águia, como olho de Tengri. Havia clãs inteiros que adotavam um animal como totem espiritual – não por idolatria, mas por afinidade espiritual. Acreditava-se que os espíritos dos animais totêmicos protegiam seus descendentes humanos, guiavam-nos em batalhas, apareciam em sonhos para advertir ou aconselhar. E isso não era alegoria: era vivido como realidade.

Abater um animal, portanto, não era uma ação banal. Era necessário realizar um ritual de agradecimento. Pedir desculpas ao espírito do animal, prometer que nada seria desperdiçado, cantar um canto de honra. Era comum que o caçador colocasse um punhado de grama na boca do animal morto – como alimento para sua alma em sua jornada espiritual. Os ossos eram tratados com respeito, muitas vezes devolvidos à terra ou guardados em locais sagrados. Porque o animal morto não era "coisa"; era ser. E o espírito ainda estava atento.

Da mesma forma, as árvores antigas eram tratadas como sábias silenciosas. Derrubar uma árvore sem razão era uma transgressão grave. Plantar uma árvore, um ato meritório. Entre os mongóis e buriates, certas florestas eram chamadas de "bosques da alma" – locais onde as presenças eram tão densas que o simples fato de ali entrar exigia reverência. Ninguém gritava. Ninguém caçava. Apenas caminhava-se em silêncio, sentindo-se observado, e quem sabe, abençoado.

As tempestades, os terremotos, as geadas – nada disso era atribuído ao acaso. Eram manifestações dos *iye* irritados ou agitados. Quando os relâmpagos cortavam o céu em ziguezagues ameaçadores, dizia-se que os espíritos estavam em disputa. Quando o vento soprava ao contrário da estação, era porque algo precisava ser corrigido no comportamento dos homens. O xamã era chamado. As oferendas eram feitas. O clã se recolhia em oração. E a ordem, quase sempre, era restaurada.

A relação com os espíritos da natureza também moldava a moral. Poluir um rio era uma ofensa não só ambiental, mas espiritual. Gritar perto de uma nascente era visto como desrespeito. Urinar ou cuspir em locais sagrados, uma profanação. Até mesmo o ato de defecar exigia que se escolhesse um lugar distante, com respeito ao espírito da terra. E, nas cerimônias maiores, os alimentos oferecidos eram preparados com cuidado extremo, pois alimentavam não apenas os vivos, mas os invisíveis.

Nas narrativas antigas, há histórias de *iye* que salvaram tribos inteiras – alertando sobre perigos, oferecendo abrigo em cavernas, ensinando caminhos seguros durante migrações. Há também relatos de *iye* que puniram sem piedade os arrogantes – secando fontes, matando gado, levando à loucura. Mas em todos os casos, o fio condutor é claro: respeito traz bênçãos, desrespeito traz desgraça. Os espíritos não são nem bons nem maus – são justos. E atentos.

Hoje, em meio ao concreto e ao ruído, muitos perderam essa sensibilidade. A natureza foi reduzida a recurso, os animais a produtos, as florestas a estatísticas. Mas em certos corações, a memória ressurge. Alguém que sente um calafrio ao entrar numa mata. Alguém que sonha repetidamente com o mesmo animal. Alguém que, sem saber por quê, decide plantar uma árvore e cantar para ela. Nessas pequenas reconexões, o chamado dos *iye* ainda vive.

O tengriismo, com sua sabedoria ancestral, oferece um caminho de reencontro. Não exige crença cega, mas abertura de percepção. Convida a escutar a terra, a observar o céu, a dialogar com o vento. Ensina que não estamos sozinhos, nem que o mundo nos serve. Estamos entrelaçados numa rede invisível, onde cada espírito tem seu lugar, sua função, sua voz.

A convivência com os espíritos da natureza, como propõe o tengriismo, não se dá apenas no plano da adoração ou da cautela. Ela molda uma ética que transcende a moral convencional, pois pressupõe uma escuta ativa do mundo ao redor, uma atenção plena aos sinais sutis que permeiam o cotidiano. O gesto de oferecer leite à terra ou o silêncio respeitoso diante de uma árvore centenária não são práticas obsoletas ou folclóricas: são expressões de uma sensibilidade que reconhece o sagrado em tudo que existe. Nessa cosmovisão, a espiritualidade não é um domínio separado da vida, mas seu próprio tecido, entrelaçando o humano ao não-humano em vínculos de reciprocidade.

Esse modo de ver transforma a própria ideia de existência. Não se trata apenas de viver no mundo, mas de viver *com* o mundo. As fronteiras entre o visível e o invisível tornam-se porosas, e a realidade ganha densidade simbólica. Um animal que cruza o caminho, uma pedra que chama a atenção, o sopro repentino de um vento – tudo pode carregar uma mensagem, tudo pode ser veículo de presença. A vida, então, é um constante diálogo com os espíritos, e a atenção torna-se uma forma de oração. É nesse campo fértil da escuta e da reverência que brota uma espiritualidade que não separa, mas une; que não impõe, mas convida.

Assim, o chamado dos *iye* ainda ecoa, mesmo nos tempos de aço e vidro. Persistem em sonhos que nos inquietam, em paisagens que nos comovem sem motivo aparente, em gestos pequenos que carregam uma intuição antiga. Reconectar-se com esses espíritos não exige retorno ao passado, mas um retorno ao sensível – um reaprender a estar no mundo com humildade e presença. Porque para quem escuta com o coração aberto, a natureza nunca deixou de falar.

Capítulo 7
Culto Ancestral

Entre os nômades da estepe, a morte nunca foi ausência. Ela não encerrava um ciclo; transformava-o. O sopro que deixava o corpo não se dissolvia no nada, mas permanecia vivo, sensível, atento. Os mortos não iam para um além distante, mas para uma morada paralela – invisível, porém acessível. E os vivos, em sua sabedoria milenar, sabiam que ignorar os mortos seria romper a linha que sustentava a continuidade do mundo. No coração do tengriismo, honrar os ancestrais não era um gesto de nostalgia. Era um pacto de lealdade. Era manter o elo intacto entre o que foi, o que é e o que ainda virá.

Chamava-se *aruğ* o espírito dos grandes líderes, guerreiros e xamãs que, após a morte, não se apagavam, mas ascendiam a uma posição de proteção espiritual sobre seu clã. Esses espíritos-senhores tornavam-se conselheiros silenciosos, guardiões invisíveis. Antes de batalhas, migrações ou decisões importantes, os nômades os invocavam, buscando sinais e bênçãos. Eram como raízes profundas que sustentavam a árvore da comunidade – não vistas, mas essenciais.

Abaixo dos *aruğ*, estavam os protetores espirituais mais próximos, muitas vezes antigos xamãs ou sábias do clã que haviam dominado as artes do espírito em vida e, por isso, continuavam a interceder após a morte. Entre os mongóis, chamavam-se *ongod*. Esses seres eram chamados durante rituais específicos, e muitas vezes manifestavam-se por meio do corpo dos xamãs vivos, emprestando-lhes força, voz e visão. O xamã não apenas representava o ancestral – ele era temporariamente possuído por ele. Essa fusão temporária não era vista com medo, mas com reverência. A comunidade reunia-se ao redor do tambor, do fogo, da fumaça de zimbro, e ali, na dança do xamã, reconhecia o movimento da ancestralidade.

E mais abaixo, mas não menos importantes, estavam os antepassados comuns: pais, avós, bisavós – aqueles cuja lembrança era viva no seio familiar, mesmo que suas ações não tivessem ecoado em feitos épicos. Esses ancestrais formavam uma rede íntima de proteção. Seus espíritos ligavam-se a lugares específicos: um monte onde costumavam acampar, um rio onde pescavam, uma árvore onde repousavam. Esses locais tornavam-se sagrados. E sempre que uma família passava por ali, deixava oferendas, acendia uma chama, dizia palavras de gratidão. Não para manter um costume, mas para manter uma conversa.

Porque o culto ancestral no tengriismo é exatamente isso: um diálogo. Os mortos escutam, respondem, ensinam. Não há separação rígida entre vivos e mortos – há trânsito. Um nascimento podia ser interpretado como retorno de uma alma familiar. Um sonho vívido podia conter advertência de um bisavô. Uma criança que, sem nunca ter aprendido, falava palavras antigas era tida como tocada pela memória dos que vieram antes. A ancestralidade não era estática – era ativa, emaranhada no presente.

Havia, em cada lar, pequenos altares domésticos. Não eram exuberantes – uma pedra especial, uma tigela de leite, um fragmento de osso. À noite, sobretudo em épocas sazonais, a família se reunia para alimentar o fogo e sussurrar nomes. Essa nomeação era um rito poderoso. Dizia-se que o espírito só vive enquanto for lembrado pelo nome. Por isso, nomes ancestrais eram passados adiante: um filho podia chamar-se como o avô. Não por acaso, mas por renovação. Porque o nome carrega energia, destino, presença.

O fogo era o principal elo. A lareira acesa no centro da tenda era mais do que aquecimento: era o eixo espiritual da linhagem. Jamais se deixava apagar sem motivo. Nunca se cuspia ou apontava para ela. Ao acender, fazia-se prece. Ao alimentar com gordura ou esterco seco, agradecia-se. Era diante da chama que se chamava os mortos. E não era raro que o xamã, em estado alterado, dissesse: "Ele está aqui", referindo-se a um ancestral querido. Naquele momento, o tempo parava. O passado descia. O presente se abria. A eternidade se manifestava no calor da chama.

Até mesmo os grandes conquistadores – como Gêngis Khan – foram incorporados a essa rede espiritual. Após sua morte, o cã dos cãs não se tornou apenas figura histórica. Tornou-se *ongod*. Protetor do povo mongol, espírito tutelar de clãs inteiros. Rituais eram realizados em sua memória não como cerimônia oficial, mas como ato de devoção espiritual. Diz-se que, em certas noites de lua nova, ainda se pode ouvir os tambores em Burkhan Khaldun – como se os passos de Temujin ainda ecoassem, buscando lembrar os vivos de sua origem celeste.

A transmissão dessa devoção era oral, mas carregada de peso. Um pai contava ao filho como seu avô havia caçado o urso sagrado. Uma avó ensinava à neta as palavras certas para saudar o espírito do bisavô quando acendesse o incenso. Cada geração era depositária de uma memória viva. Não memorizar era romper. Esquecer era traição. Por isso, os mais velhos eram ouvidos com paciência. Porque deles vinha a ponte.

Esse culto também impunha uma conduta. Não bastava rezar. Era preciso viver de modo a honrar os ancestrais. Um ato vergonhoso manchava toda a linhagem. Um gesto nobre elevava todos. Os mortos eram juízes silenciosos – não vingativos, mas exigentes. Esperavam retidão, coragem, generosidade. Esperavam que os vivos cuidassem da terra, dos animais, dos pactos tribais. Que não mentissem em vão. Que não desonrassem o nome herdado.

Nas festas sazonais, como o solstício de verão, havia oferendas públicas aos ancestrais. Grupos inteiros reuniam-se, vestindo trajes cerimoniais, levando comida, leite, vodca. Dançava-se, cantava-se, chorava-se. Mas, acima de tudo, escutava-se. O tambor do xamã era a batida do coração coletivo. A fumaça que subia era o fio de retorno. E ali, mesmo entre os mais jovens, brotava o senso profundo de pertencimento.

Hoje, nas cidades modernas, o culto ancestral não desapareceu – apenas se escondeu. Pode estar na foto da avó sobre a estante. Na comida feita exatamente como o bisavô gostava. No sonho recorrente com uma tia falecida. No pressentimento de que algo precisa ser feito "em honra" de alguém que partiu. Essas são sementes da antiga prática – ainda latentes, ainda fecundas.

O renascimento contemporâneo do tengriismo tem resgatado essa dimensão com força. Em aldeias da Sibéria, em comunidades da Mongólia, em planícies do Cazaquistão, famílias voltam a acender lareiras cerimoniais. Retornam aos túmulos antigos. Reconstroem altares. Registram genealogias. Porque sabem que sem raiz, não há árvore. E sem ancestralidade, não há identidade.

Honrar os antepassados é reconhecer que o eu é apenas um elo. Que cada gesto nosso carrega o peso e a esperança dos que vieram antes. Que nossas vitórias são conquistas coletivas. E nossas falhas, feridas que reverberam. Mas, sobretudo, é saber que nunca estamos sós. A cada passo, milhares de espíritos caminham conosco. Silenciosos, sim. Invisíveis, talvez. Mas vivos – tão vivos quanto o vento que move as tendas e as almas da estepe.

Ao compreendermos o culto ancestral sob o olhar do tengriismo, torna-se evidente que ele não se limita a um sistema de crenças: é uma forma de viver o tempo, uma arquitetura espiritual do pertencimento. A continuidade entre vivos e mortos não é uma metáfora poética, mas um pilar estrutural da existência. O passado não repousa atrás – ele pulsa por dentro, manifesta-se nas decisões, nos afetos, nos gestos. A ancestralidade, nesse contexto, não exige apenas reverência cerimonial, mas presença ética: uma escuta ativa da memória e uma responsabilidade real com o que dela herdamos.

A força desse elo se revela principalmente nas encruzilhadas da vida. Quando há dúvida, medo ou mudança, o vínculo com os antepassados torna-se bússola. Não por superstição, mas porque ali reside um saber acumulado, uma sabedoria que ultrapassa o indivíduo e se ancora na experiência coletiva. Invocar um avô caçador antes de uma travessia, repetir a canção de uma avó em tempos difíceis, reconhecer os erros de um antepassado como lições para não repetir – tudo isso é atualização viva da linhagem. E nesse gesto de retorno e escuta, forma-se a noção de identidade não como algo inventado, mas lembrado.

Essa lembrança é, no fim, uma forma de amor. Amar quem veio antes é aceitar que somos parte de uma corrente que não começou conosco e não terminará em nós. É carregar os nomes com dignidade, acender as chamas com cuidado, andar com retidão porque há olhos antigos nos observando, não para nos julgar, mas para nos sustentar. Assim, o culto ancestral não é uma saudade ritualizada – é uma confiança profunda: a de que não caminhamos sozinhos, mas em companhia de uma multidão invisível que, com cada sopro de vento e cada estalo de brasa, sussurra que seguimos no rumo certo.

Capítulo 8
Três Mundos

A alma nômade não caminhava apenas pelas estepes visíveis. Seus passos ecoavam em múltiplas camadas da realidade. No coração do tengriismo, a existência é concebida como uma grande árvore viva, cujas raízes mergulham no mundo subterrâneo, o tronco sustenta a vida terrena e os galhos se abrem para o céu infinito. Essa estrutura não é alegoria: é percepção espiritual. Os antigos nômades da Ásia Central não viam a realidade como algo plano, único, mas como um cosmos tripartido, onde cada mundo possui seus habitantes, suas leis e sua sacralidade.

Esses três mundos – superior, médio e inferior – não estão separados por distância, mas por vibração, por nível de consciência, por função no equilíbrio do todo. O mundo do meio, onde vivem os humanos, é apenas a faixa visível dessa grande árvore cósmica. Acima, estende-se o mundo celeste, domínio de Tengri e das forças elevadas. Abaixo, repousa o mundo inferior, onde habitam espíritos sombrios, almas errantes e energias de transformação. O ser humano, ao nascer no mundo do meio, está exatamente entre essas duas forças: uma tensão vertical que o impele tanto à elevação quanto à queda, à luz e à sombra, ao céu e à terra.

Na imaginação espiritual dos povos túrquicos e mongóis, essa cosmologia tomava forma concreta. Imaginava-se uma Árvore do Mundo erguendo-se no centro do universo. Essa árvore não era símbolo abstrato, mas uma presença viva. Suas raízes atravessavam as entranhas do submundo, sua seiva fluía pela realidade visível, e sua copa alcançava as estrelas. Ela era chamada por vários nomes: *Ulmo*, *Bodga Mod*, *Eje*, dependendo do grupo étnico. Mas seu papel era sempre o mesmo: eixo do mundo, conexão entre os reinos, caminho dos xamãs.

Os xamãs, únicos capazes de transitar conscientemente entre os mundos, conheciam a geografia invisível desses reinos. Durante seus rituais, ao som do tambor e das invocações, subiam simbolicamente pelos galhos da árvore ou desciam por suas raízes. Cada nível do mundo celeste era habitado por espíritos de luz, ancestrais virtuosos, deuses do céu. Esses níveis não eram homogêneos: falava-se frequentemente em sete céus, ou até nove, cada um com suas funções e suas entidades. No ápice do céu mais alto residiria Kayra, o criador original, ou mesmo o próprio Tengri em sua forma mais pura e impessoal.

Já o submundo era descrito como espelho invertido da terra. Possuía rios escuros, florestas frias, cavernas sem luz. Ali habitavam os espíritos inquietos, os seres caóticos, comandados por Erlik Khan, o senhor das profundezas. O medo do submundo não era o medo da danação moral, como nas teologias ocidentais, mas o receio de desordem, de dissolução, de esquecimento. A alma que caía no submundo não era necessariamente má, mas sim desequilibrada, confusa, carregada de peso não resolvido.

O mundo do meio, onde os homens vivem, era compreendido como espaço de mediação. Aqui, os três mundos se encontram. E por isso, cada gesto humano tem repercussão cósmica. O modo como se trata a terra, o fogo, os animais, a palavra empenhada, tudo afeta não apenas a vida presente, mas também o mundo superior e o inferior. Um ato de bondade ressoa nas esferas celestes; uma ofensa espiritual pode abrir rachaduras para que forças sombrias escapem do submundo.

Essa visão vertical da realidade não produzia medo, mas responsabilidade. O nômade que conhecia a cosmologia dos três mundos sabia que vivia numa rede de reciprocidade. Ele não era centro do universo, mas um elo. E seu dever era manter o equilíbrio. O tambor do xamã – com sua superfície redonda e sua borda marcada – muitas vezes trazia desenhos dos três mundos: estrelas no alto, animais e rios no meio, serpentes nas raízes. Quando o tambor soava, era como se a Árvore do Mundo vibrasse. E os mundos se abrissem.

As casas nômades, as yurtas, também simbolizavam essa estrutura. A claraboia no teto – o *tóono* – representava a abertura para o céu. O fogo central era o coração do mundo do meio. O solo sob os pés, a conexão com o mundo inferior. Viver numa yurta era, assim, viver no interior de um microcosmo, em harmonia com a estrutura tripla do universo. Por isso, rituais realizados na tenda assumiam força especial:

cada canto, cada fumaça, cada oferenda, atingia os três planos simultaneamente.

A infância, a maturidade e a velhice também eram vistas à luz dessa cosmologia. A criança vinha do mundo celeste – era alma recém-chegada, ainda carregada de brilho. O adulto media os mundos – enfrentava os desafios do meio. O ancião, por sua vez, já tocava o mundo inferior ou superior – prestes a retornar, portador de sabedoria. Da mesma forma, os sonhos não eram fantasias: eram viagens da alma sombra aos outros mundos. Um sonho de queda podia revelar desequilíbrio; um sonho de ascensão, conexão com o divino. Sonhar com um rio escuro ou uma árvore seca era sinal de que algo precisava ser curado antes que a alma se fragmentasse.

Entre os povos altai, buriates, tuvinos e iacutos, a divisão dos mundos também informava o calendário espiritual. Certos dias eram propícios para subir – datas ligadas ao solstício, à lua cheia, à elevação da energia. Outros dias exigiam recolhimento – tempos em que os portais do submundo se abriam. Os xamãs consultavam esses ciclos antes de realizar ritos de cura, de caça ou de proteção. Em alguns clãs, acreditava-se que a alma podia se perder entre os mundos. Nesses casos, o xamã era convocado para resgatá-la – uma jornada que exigia coragem, pureza e profundo conhecimento da árvore cósmica.

Essa jornada, embora simbólica, deixava marcas reais. Um xamã que descesse ao submundo por muitas noites poderia adoecer. Diz-se que alguns envelheciam precocemente, pois cada travessia desgastava o corpo.

Outros voltavam com novos dons – visões, clarividência, curas espontâneas. A fronteira entre os mundos era sempre perigosa. Mas absolutamente necessária.

No centro dessa cosmovisão está uma lição clara: o universo é múltiplo, dinâmico, interligado. Não se pode ferir a terra sem ferir o céu. Não se pode ignorar os espíritos inferiores sem que eles se manifestem de forma desastrosa. Não se pode viver no mundo do meio sem olhar para cima e para baixo – porque viver no mundo do meio é caminhar entre as tensões, buscando equilíbrio, humildade, escuta.

Hoje, essa sabedoria ecoa com urgência. O mundo moderno, ao se desligar do eixo vertical da existência, mergulhou em desequilíbrio. Esqueceu os de cima. Rejeitou os de baixo. Inflou o ego humano como senhor da realidade. O resultado é uma civilização órfã da Árvore do Mundo: sem raízes, sem galhos, presa a um tronco seco. O tengriismo, com sua clareza ancestral, oferece uma lembrança: os mundos continuam aqui. O céu ainda pulsa. O submundo ainda respira. E o meio ainda pode ser curado.

Essa possibilidade de cura começa pela reconexão interior. Cada indivíduo carrega em si uma centelha dos três mundos – uma memória ancestral da árvore cósmica. Retomar esse eixo é, antes de tudo, reaprender a escutar as direções do ser: a luz que nos chama à altura, a sombra que nos convida à introspecção, e o presente que nos convoca à responsabilidade. O xamã, nesse sentido, é menos um escolhido e mais um espelho: sua jornada mostra o que cada um, em sua medida, pode trilhar. O desafio não está apenas em atravessar os mundos, mas em manter a alma íntegra ao fazê-lo.

No dia a dia, essa reconexão se expressa em gestos simples, mas poderosos: acender uma vela em silêncio, respeitar o ritmo da natureza, dormir atento aos sonhos, tratar com reverência aquilo que parece inerte. Essas ações tecem novamente a ponte entre os planos. O mundo moderno não precisa imitar os ritos antigos, mas pode deles extrair uma sabedoria prática: perceber que tudo comunica, tudo vibra, tudo responde. O universo não é um palco indiferente – é uma árvore viva que pulsa com nossa conduta, nossas escolhas, nossa escuta.

É nesse reencontro silencioso com a árvore do mundo que reside a chance de regeneração. Quando voltamos a reconhecer o céu não como ideia, mas como presença; o submundo não como ameaça, mas como espaço de transformação; e o mundo do meio como solo sagrado onde tudo se entrelaça, algo em nós começa a se alinhar. O mundo não precisa ser outro. Precisa ser reabitado com outra consciência. Porque, mesmo quando esquecida, a árvore permanece. E para quem deseja escalar seus galhos ou curar suas raízes, o tambor ainda soa.

Capítulo 9
Mundo Celestial

Acima das estepes ondulantes, acima das nuvens passageiras, acima mesmo das águias em voo, estende-se o mundo celestial – um plano de existência sereno, luminoso, inalcançável aos olhos físicos, mas presente a cada instante na consciência espiritual dos povos tengriistas. Esse não é um céu vazio, frio e mecânico, como o céu moderno da astronomia, mas um espaço vivo, consciente, repleto de presenças. No coração do tengriismo, o mundo celeste é a morada dos deuses benevolentes, dos ancestrais elevados, dos espíritos que conduzem o equilíbrio do universo. É a origem e o destino, o berço e o juízo.

Tengri, o Pai Céu, é a força suprema que permeia e sustenta esse mundo. Ele não é um deus entre outros, mas o próprio firmamento – não no sentido físico, mas como consciência abrangente, eternamente azul, eternamente presente. Seu domínio não é de tronos ou coroas, mas de ordem invisível. Onde há harmonia, há Tengri. Onde há justiça, ali está sua vontade manifesta. Ele não comanda com voz, mas com vento. Não dita, mas inspira. E no mundo celestial que lhe pertence, tudo vibra em consonância com sua presença.

Diz-se que esse mundo superior possui camadas – níveis ou andares que refletem diferentes graus de pureza espiritual. Em algumas tradições, são sete céus; em outras, nove. Essa multiplicidade não é simples multiplicação espacial, mas gradação de energia. No céu mais baixo, habitam espíritos que ainda mantêm laços com o mundo humano. São ancestrais recentes, guardiões de clãs, protetores de lugares. À medida que se ascende, encontram-se divindades mais antigas, princípios cósmicos personificados, como Ulgen, Mergen e Kayra. E, no ponto mais alto, reside o que não pode ser descrito – a pureza absoluta do Céu Eterno.

Ulgen, por exemplo, é frequentemente citado como o grande organizador do bem. Ele não é o criador de tudo, mas é quem zela pela continuidade da ordem. Seu papel é velar pelos humanos que honram as leis do céu, oferecer-lhes proteção e inspiração. É ele quem envia os xamãs em sonhos. É ele quem observa os rituais feitos com sinceridade. Em algumas versões do mito, é Ulgen quem molda os destinos das almas que sobem após a morte – atribuindo-lhes moradas nos diferentes céus conforme seu grau de retidão.

Mergen, outro espírito celestial, é o arquétipo da sabedoria e da contemplação. Seu nome significa "o Perspicaz", "o Sábio". Ele habita o céu da inteligência, onde os pensamentos puros fluem como rios cristalinos. É dito que Mergen cavalga sobre nuvens brancas, empunhando um arco de luz com o qual dispara ideias aos humanos inspirados. Poetas, curandeiros, profetas – todos, em algum momento, recebem uma flecha invisível de Mergen. E quando isso acontece, algo muda: um verso surge, uma cura se realiza, uma decisão justa é tomada. Porque o céu superior age através dos sinais, não das palavras.

Kayra, por sua vez, é o princípio primordial. Alguns o confundem com Tengri, outros o veem como seu primeiro filho. Em toda narrativa, ele é o mais antigo dos celestiais. Representa a origem, o início antes do tempo. Quando o universo ainda era um ovo cósmico, Kayra era o sopro que o fez rachar. Ele não possui forma, nem cor, nem limite. É pura presença. Muitos xamãs relatam, em seus transes mais profundos, terem "tocado" Kayra – não com os sentidos, mas com a alma. Descrevem-no como silêncio absoluto, luz branca, uma sensação de unidade indescritível. Depois de tal encontro, nunca mais são os mesmos.

Esses habitantes do mundo celestial não vivem em um "paraíso" no sentido cristão. Eles não repousam em ociosidade. Eles trabalham. Eles velam. Eles observam os humanos com interesse e compaixão. Recebem suas preces, respondem com bênçãos ou advertências. Às vezes, manifestam-se em fenômenos naturais: uma nuvem em forma de animal, um arco-íris que surge após um rito, uma estrela cadente durante uma invocação. Tudo é comunicação. Tudo é presença.

As almas humanas, ao morrer, não sobem automaticamente ao mundo celestial. É preciso mérito, purificação, reconhecimento. Uma alma pode vagar entre mundos, ou ser acolhida por espíritos familiares. Mas quando ascende aos céus, ela se torna um *aruğ* elevado – um ancestral que não apenas protege, mas orienta com sabedoria profunda. Essas almas não esquecem os vivos. Elas os guiam, os inspiram, os advertem em sonhos. E, sobretudo, testemunham. Nada do que o humano faz escapa aos olhos do céu. Porque, para o tengriista, viver é estar sob constante observação do mundo superior – não como vigilância opressora, mas como presença amorosa, exigente e justa.

Por isso, antes de grandes decisões, olha-se para o céu. Pede-se a aprovação de Tengri. Busca-se um sinal. O voo de um pássaro, a mudança do vento, a forma de uma nuvem. Tudo pode ser resposta. E, quando o sinal é dado, segue-se em frente com coragem. Porque agir em sintonia com o céu é agir com verdade. E quem caminha com o céu não teme a queda.

Nas cerimônias, invocar o mundo celestial é prática comum. O xamã ergue as mãos, dança em espiral, canta em línguas esquecidas. Enquanto isso, os presentes observam o fogo, aguardam a brisa, escutam o tambor. E, em algum momento, sentem: o véu se rompeu. Algo desceu. Uma presença tomou o espaço. O invisível tornou-se quase palpável. Nesses instantes, o mundo do meio toca o mundo de cima. E os humanos, mesmo que por segundos, sabem que fazem parte de algo maior, eterno, sublime.

O mundo celestial também é lembrado em canções, provérbios e histórias. Crianças aprendem desde cedo que "quem engana a tribo, será esquecido pelos céus"; ou que "as palavras honestas sobem rápido como fumaça para Tengri". Esses ditados não são apenas moralidade folclórica. São lembranças vivas de que o Céu vê, o Céu escuta, o Céu responde.

Hoje, quando muitos olham para cima e veem apenas espaço e estrelas, o tengriista vê lar, vê caminho, vê memória. Vê o reflexo daquilo que um dia ele voltará a ser. O céu não é um mistério externo. É um espelho da alma. E o mundo celestial não é uma fantasia antiga – é uma dimensão do agora, acessível ao coração que sabe escutar, ao espírito que sabe subir.

O mundo celestial, para além de sua grandeza, revela uma pedagogia sutil: tudo que vem de cima não desce como imposição, mas como convite. O céu não exige adoração cega, mas sintonia. E essa sintonia se constrói com o cultivo interior: a escuta atenta, a palavra íntegra, o gesto alinhado à verdade. Viver sob o céu é, portanto, um compromisso espiritual com a clareza, a humildade e a escuta. Cada pensamento impuro, cada ação desonesta, obscurece o vínculo com o plano superior. Mas cada arrependimento sincero, cada ato de retidão, refaz a ponte. Não é o rito que garante a conexão, mas a coerência entre o que se pensa, se sente e se faz.

Há, nesse horizonte elevado, uma espécie de consolo luminoso. Saber que há olhos amorosos no alto – não olhos julgadores, mas testemunhas do nosso esforço – fortalece o caminhar. Porque mesmo na solidão mais profunda, mesmo quando os ritos parecem vazios ou os sonhos emudecem, ainda há uma presença. Tengri e os celestes não respondem no tempo da ansiedade humana, mas na cadência da eternidade. Às vezes, o sinal que se buscava não vem no vento, mas no silêncio. E mesmo esse silêncio carrega sabedoria – um chamado para que se confie, para que se persista, para que se suba com o coração leve.

    Por isso, honrar o mundo celestial não é apenas olhar para cima com reverência, mas viver de tal modo que o céu possa habitar dentro. Quando o humano caminha em harmonia com os ritmos da alma e da terra, quando não trai o que é sagrado em si e no outro, o céu não precisa mais ser invocado – ele se manifesta. Não como espetáculo, mas como presença serena. E nesse instante, mesmo entre as lutas do mundo do meio, a alma reconhece: está em casa.

Capítulo 10
Mundo Subterrâneo

Nas profundezas ocultas da realidade, sob a superfície das planícies e abaixo da solidez aparente da terra, repousa o mundo subterrâneo – uma esfera de existência envolta em sombra, silêncio e mistério. Para os povos tengriistas, esse mundo não é uma invenção para amedrontar, mas uma realidade palpável, integrante da estrutura trina do cosmos. Ele é tão necessário quanto o céu e a terra do meio. É o domínio do oculto, do que não foi resolvido, do que precisa ser transformado. E acima de tudo, é o lugar onde forças esquecidas eprimidas dormem – ou se agitam.

O mundo subterrâneo, chamado por muitos nomes ao longo das estepes da Ásia Central, possui sua própria lógica, seus próprios habitantes, suas próprias regras. Nele, as almas que não conseguiram ascender ao mundo celestial, seja por desequilíbrio, seja por ações em vida, encontram morada temporária. Mas ele não é um inferno no sentido ocidental. Não é um lugar de punição eterna, mas de suspensão. Um entre-mundo, onde o espírito aprende, sofre, reconfigura-se – ou perece.

Nesse domínio, reina uma figura central: Erlik Khan. Conhecido como o Senhor do Submundo, Erlik não é o "diabo" dos monoteísmos. Ele é mais antigo que a moral dualista. Representa o poder de contenção, a sombra necessária, o guardião das fronteiras entre a vida e a morte. Segundo alguns mitos, Erlik era um dos primeiros seres criados, mas sua ambição o levou à queda. Outros dizem que ele foi incumbido por Tengri de guardar o submundo, mantendo ali as energias que não podiam vagar livremente pelo cosmos.

Erlik é descrito como uma entidade de aparência mutável. Às vezes é um velho de rosto escuro e barba longa; outras, um guerreiro sombrio com olhos como carvão incandescente. Em todas as versões, carrega consigo o peso do limiar – sua presença anuncia crise, ruptura, mas também oportunidade de mudança. Ele comanda legiões de espíritos atormentados, demônios menores e almas confusas. Esses seres, embora temidos, têm função: testam, desafiam, revelam os pontos fracos dos humanos.

No mundo subterrâneo, a paisagem é um espelho invertido da realidade terrestre. Há montanhas, rios, cidades, mas tudo está velado por uma tonalidade escura, como se a luz solar nunca houvesse alcançado aquelas paragens. Os rios não são de água, mas de brumas e lamentos. As florestas são densas, onde cada árvore guarda um segredo. As moradas são cavernas esculpidas em rochas vivas. Ali, as almas percorrem trajetos confusos, repetem erros, procuram saída. Algumas encontram. Outras, não.

Dizia-se que, em certas noites, as portas do submundo se entreabriam. E os sonhos dos vivos tornavam-se vívidos, carregados de presságios. Era nesses momentos que os xamãs entravam em ação. Pois um dos papéis mais arriscados – e mais nobres – do xamã era descer ao mundo subterrâneo. Em transe profundo, guiado por cantos ancestrais e batidas rítmicas do tambor, ele abandonava seu corpo e partia. A viagem não era metafórica. Era real. O xamã cruzava os portais de pedra, atravessava o rio das almas, enfrentava os guardiões das cavernas. Tudo para recuperar algo: uma alma perdida, uma criança doente, a sorte roubada de um clã.

Essas descidas não eram isentas de perigos. Muitos xamãs retornavam doentes, exaustos, transtornados. Alguns não retornavam – suas almas ficavam presas, ou então escolhiam permanecer como guardiões. Por isso, o treinamento de um xamã incluía aprender os nomes das entidades do submundo, seus agrados e aversões. Um erro no ritual, um canto mal entoado, uma oferenda mal escolhida, e o xamã podia ser devorado espiritualmente. A coragem necessária não era heroica no sentido vulgar – era existencial. Era saber que, ao descer, talvez nunca mais se fosse o mesmo.

Mas não só os xamãs se relacionavam com o submundo. As pessoas comuns também sabiam de sua presença. Quando alguém adoecia repentinamente, dizia-se que sua alma havia sido arrastada para baixo. Quando um rebanho desaparecia misteriosamente, suspeitava-se da ira de Erlik. Para prevenir tais infortúnios, realizavam-se rituais de apaziguamento. Animais de pelagem escura – carneiros negros, galos pretos – eram sacrificados nos limiares da aldeia. O sangue derramado era um gesto de conciliação, um pedido para que Erlik não cruzasse suas fronteiras. Que mantivesse seus olhos no mundo de baixo.

Havia também cerimônias de agradecimento. Quando alguém se recuperava de uma enfermidade grave, acreditava-se que havia sido resgatado das garras do submundo. Nessas ocasiões, preparava-se um banquete. Não para os vivos apenas, mas para os espíritos. Pratos eram deixados ao ar livre, perto de cavernas ou árvores antigas. Palavras eram murmuradas para os "irmãos de baixo". Porque o respeito mantinha a paz. E desrespeitar o submundo era chamar a ruína.

O submundo também era lar de saberes esquecidos. Muitos mitos diziam que os espíritos de antigas civilizações – aquelas que existiram antes do tempo conhecido – habitavam ali. Eram mestres caídos, xamãs ancestrais, guardiões do conhecimento proibido. Em alguns rituais raros, os xamãs tentavam contatá-los. Não para aprender truques, mas para obter visões. Esses encontros eram perigosos. Mas se bem-sucedidos, revelavam verdades ocultas – sobre a origem do mundo, sobre o destino das almas, sobre os ciclos que regem tudo.

No mundo moderno, o submundo continua existindo. Embora muitos o tenham esquecido, ele ainda pulsa sob os pés de todos. Manifesta-se em crises de identidade, em doenças sem explicação, em sonhos perturbadores. Surge quando a alma se afasta de seu centro. E mesmo sem nomeá-lo, muitos sentem sua presença. Sentem o peso invisível, a atração para o fundo, o chamado para encarar o que foi enterrado. O submundo exige confronto. Mas também oferece cura.

Por isso, o tengriismo não o rejeita. Não constrói teologias para negá-lo ou bani-lo. Ao contrário: reconhece sua importância no equilíbrio cósmico. Entende que toda luz projeta sombra. Que todo nascimento implica morte. E que todo crescimento exige mergulho. Não se trata de exaltar a escuridão, mas de saber conviver com ela. De caminhar com firmeza sobre o solo, ciente de que ele guarda segredos – e que esses segredos são parte da jornada.

Ao compreender o mundo subterrâneo, o praticante do tengriismo entende que não há parte da existência que possa ser ignorada. Que a realidade é uma tapeçaria de três fios – e que cortar qualquer um deles é desfiar o todo. O céu, a terra e o submundo formam um só corpo. E o ser humano, ao viver com consciência, honra essa totalidade.

O reconhecimento do mundo subterrâneo como parte vital da existência convida a uma espiritualidade mais madura – uma que não busca apenas ascensão, mas aceitação e integração. A sombra, nesse contexto, não é inimiga: é espelho. Atravessá-la é mergulhar nas camadas mais profundas da alma, onde medos, culpas e dores antigas repousam à espera de escuta. O submundo, assim, deixa de ser apenas morada dos esquecidos e passa a ser território da verdade nua, onde não há máscaras, onde tudo o que foi negado clama por nome e forma. Não é à toa que tantos ritos de cura exigem esse contato: porque só aquilo que é enfrentado pode, de fato, ser transformado.

Nesse mergulho, o papel do xamã e, por extensão, de qualquer buscador sincero, é tornar-se ponte. Não se trata de trazer luz para extinguir a escuridão, mas de aprender a ver dentro dela. Os mitos sobre sabedorias esquecidas no subsolo não são metáforas distantes – são memórias que apontam para o poder do inconsciente, do passado, daquilo que a razão moderna rejeita. E é ali, entre rios de lamento e florestas de silêncio, que o viajante encontra não apenas respostas, mas também o reconhecimento de sua própria complexidade. Pois conhecer o submundo é, no fundo, conhecer-se inteiro.

Ao incluir o submundo na tapeçaria da vida, o tengriismo nos oferece uma visão radicalmente inteira do ser. Nem céu, nem terra bastam por si só. É no equilíbrio dos três mundos que se desenha o verdadeiro caminho. Um caminho que exige coragem, lucidez e humildade – porque viver bem não é evitar a queda, mas aprender a subir depois dela. E aquele que encara o escuro com olhos abertos descobre que, sob a superfície da dor, pulsa uma força silenciosa. Uma força que não redime pela negação, mas pela presença. E que, ao ser acolhida, transforma o abismo em raiz.

Capítulo 11
Múltiplas Almas

Entre os mistérios mais profundos da espiritualidade tengriista está a concepção de que cada ser humano é composto por mais de uma alma. Essa ideia, que pode parecer estranha à mentalidade ocidental acostumada a pensar a alma como uma entidade única e indivisível, é, na verdade, uma das expressões mais sofisticadas da psicologia espiritual desenvolvida pelos povos túrquico-mongóis e siberianos. Não se trata de mitologia fragmentária, mas de uma visão integral da existência, onde o ser é múltiplo por essência, e cada aspecto da alma cumpre uma função distinta na grande tapeçaria da vida.

Essa concepção plurissubstancial da alma está profundamente enraizada na vivência nômade. Para os antigos das estepes e taigas, o ser humano não era apenas carne animada por um sopro imaterial. Era um feixe de forças, um conjunto de presenças que coexistiam em equilíbrio precário. Perder esse equilíbrio significava adoecer. Perder uma parte da alma podia significar enlouquecer, definhar ou morrer. Recuperá-la era a missão mais sagrada de um xamã.

A primeira dessas almas, geralmente chamada de *nefes* (do turco, significando "sopro"), corresponde ao alento vital. É o que anima o corpo, o que faz o sangue circular, os olhos brilharem, a pele aquecer-se. Ela entra no corpo com o primeiro suspiro do recém-nascido e, ao último suspiro, parte. Está intimamente ligada à respiração, ao calor e ao movimento da vida. É a mais sensível às mudanças do mundo físico. Um susto forte, uma dor súbita, uma febre alta podem afetá-la profundamente. Se o *nefes* se enfraquece, o corpo murcha. Se ele parte, a morte se instala.

A segunda alma, mais sutil e complexa, é a chamada *alma sombra*, também conhecida como *alma livre*. Essa é a parte do ser que pode desprender-se temporariamente do corpo – nos sonhos, nos transes, nas experiências espirituais intensas. Ela é vista como viajante. É por meio dela que os xamãs exploram os mundos invisíveis. É por ela que os humanos têm visões, encontros com espíritos, lembranças de vidas passadas. Durante a noite, é essa alma que se liberta e percorre outros planos. Se ela se perde ou é sequestrada, o corpo dorme, mas não sonha. O espírito permanece vazio, e a pessoa pode acordar apática, desorientada, doente.

Há ainda a *sülde*, conhecida entre os mongóis como a alma da personalidade. É essa alma que guarda os traços únicos de um indivíduo – seu temperamento, sua coragem, sua lealdade. É a centelha que mantém o senso de identidade e propósito. Acredita-se que grandes guerreiros e líderes tinham uma *sülde* especialmente forte. Após a morte, essa alma podia permanecer como espírito protetor do clã, ligada a objetos pessoais, armas, tendas, bandeiras. Por isso, as *sülde* eram frequentemente invocadas em tempos de guerra ou crise, como forças inspiradoras.

Alguns povos, como os samoiedas e altaicos, falam de uma quarta alma – relacionada à sorte, ao destino, à proteção divina. Essa alma é tênue como bruma, difícil de detectar, mas essencial. Quando presente e íntegra, a pessoa parece viver sob uma estrela favorável: os caminhos se abrem, os perigos se desviam, os empreendimentos prosperam. Quando ausente ou ferida, a vida se torna cheia de obstáculos inexplicáveis, como se o universo estivesse em oposição. Essa alma podia ser transferida, presenteada ou enfraquecida por inveja, magia, ou maldições.

Em algumas tradições, fala-se até de uma quinta alma – a alma ancestral. Ela seria a memória viva das gerações anteriores, presente em cada indivíduo como um fio invisível ligando-o aos seus antepassados. Essa alma seria responsável pelo senso de pertencimento, pela intuição de que se é parte de uma linhagem, de uma história maior que o ego. Quando essa alma se manifesta, a pessoa sente-se compelida a repetir gestos antigos, a honrar os mais velhos, a proteger os saberes tradicionais. A perda dessa alma gera alienação, desorientação cultural, ruptura.

Essas múltiplas almas, embora interligadas, são distintas em natureza e função. Cada uma responde a estímulos diferentes, habita camadas diferentes do ser. E cada uma exige cuidados específicos. Proteger o *nefes* é manter o corpo forte e saudável. Cultivar a *alma livre* é sonhar, criar, meditar. Nutrir a *sülde* é agir com honra, manter promessas, respeitar a si mesmo. Guardar a alma da sorte é evitar inveja, invejar, e manter-se em harmonia com os ritmos do universo. Honrar a alma ancestral é lembrar, agradecer, continuar.

O xamã, nesse contexto, é antes de tudo um curador de almas. Quando alguém adoece, ele não pergunta apenas pelos sintomas físicos. Pergunta se a pessoa teve pesadelos, se se sente "vazia", se tem ouvido a voz interior. Muitas vezes, o diagnóstico é que uma das almas se perdeu – foi assustado por um trauma, seduzido por um espírito enganador, aprisionado em outro plano. O ritual, então, é uma jornada para recuperar essa alma. O xamã canta, dança, luta, chora, até que a parte perdida se reintegre ao todo.

A perda de alma é um conceito central no tengriismo. Não como metáfora poética, mas como fenômeno real. Crianças muito assustadas, mulheres após parto, homens que voltam de guerras, todos podiam sofrer essa ruptura. E havia rituais específicos para cada caso. A alma era chamada pelo nome, convidada a voltar, acariciada com fumaça de ervas, alimentada com leite ou sangue. Às vezes, era preciso que alguém amado chamasse por ela. Porque o amor tem poder de reunir aquilo que o medo fragmentou.

Essa sabedoria ancestral ecoa nos tempos modernos com força inesperada. Em uma era marcada por doenças psíquicas, crises de identidade, perda de sentido, a noção de múltiplas almas oferece uma chave. Depressão pode ser, aos olhos do tengriismo, uma alma livre que se afastou. Ansiedade pode ser a alma do destino em desequilíbrio. Transtornos de personalidade podem indicar uma *sülde* rompida. O remédio, então, não está apenas em fármacos, mas em rituais de reconexão: com a terra, com os ancestrais, com o céu.

O reconhecimento da multiplicidade interior também desafia as fronteiras rígidas entre o eu e o mundo. Se minha alma livre viaja, ela pode encontrar outras almas, em outros tempos. Se minha *nefes* se harmoniza com o vento, então o vento participa da minha vida. Se minha alma ancestral carrega a história de meu povo, então minha vida é uma continuidade, não um começo. Essa visão dissolve o individualismo moderno e propõe uma ecologia da alma – onde cada gesto interno reverbera no universo, e cada evento externo é um convite à integração.

No tengriismo, a saúde plena não é ausência de doença, mas harmonia entre as almas. Quando todas estão presentes, limpas, nutridas, o ser humano floresce. Seus olhos brilham. Sua palavra tem peso. Seu caminho se alinha com as forças do céu e da terra. Ele não precisa de mandamentos, porque sente internamente o que é justo. Sua ética nasce da plenitude de suas partes. E sua alegria, da consciência de estar inteiro.

A multiplicidade de almas, como proposta pelo tengriismo, também sugere uma educação espiritual que se estende para além da simples fé ou doutrina. Implica em um conhecimento íntimo de si mesmo, uma escuta sensível das vozes internas, e um comprometimento com os ritmos mais sutis do ser. Nesse contexto, viver torna-se um ato de afinação constante entre as diversas dimensões da alma — como um músico que ajusta seu instrumento antes de tocar, o ser humano precisa reconhecer as cordas que vibram em seu interior. Cada emoção, cada intuição, cada impulso que brota não é visto como acaso ou capricho, mas como manifestação de uma dessas almas em sua linguagem própria, pedindo atenção, equilíbrio ou cura.

Ao mesmo tempo, esse modelo espiritual exige uma visão comunitária da existência. Se partes de nossa alma podem ser afetadas por palavras, ações e até pensamentos alheios, então somos corresponsáveis uns pelos outros. A saúde de um clã, de uma aldeia, de uma sociedade, depende do cuidado mútuo das almas que ali vivem. Nessa teia, o papel do xamã não é apenas o de um curador individual, mas o de um harmonizador do coletivo. Ele atua como ponte entre os mundos e entre as pessoas, restaurando vínculos, reanimando o que foi disperso. A comunidade, por sua vez, reconhece o valor desse papel não por superstição, mas por experiência direta: quando a alma de um retorna, todos respiram melhor.

Cada ser é, então, uma constelação viva, em constante dança com o invisível. Perceber-se assim transforma o modo como se enfrenta o sofrimento, como se celebra a alegria e como se percorre a vida. Não há pressa em "resolver" o que dói, mas sim paciência em escutar o que cada dor revela sobre as almas em desalinho. Ao mesmo tempo, não se teme o êxtase, pois se compreende que há momentos em que a alma livre toca o divino. Viver, sob essa luz, é tanto um mistério quanto um aprendizado: um convite a caminhar inteiro, mesmo quando em pedaços, confiando que há sabedoria em cada fragmento e que o céu sempre escuta.

Capítulo 12
Xamã Mediador

Entre os véus que separam o mundo visível das dimensões invisíveis, há uma figura que caminha com os pés na terra e os olhos no céu, que escuta o murmúrio dos ventos e entende a linguagem das águas, que dialoga com os mortos e cura os vivos. Essa figura é o xamã – o mediador por excelência do tengriismo. Ele não é sacerdote, não é orador, não é messias. É ponte viva entre os mundos. Seu ofício não é ensinar verdades, mas restaurar conexões. É guia, curador, guerreiro espiritual, conselheiro da tribo e aliado dos espíritos.

Nas vastidões da estepe, onde a religião não se encerra em templos, mas pulsa em cada monte, rio ou árvore, o xamã é o eixo que mantém a comunidade em sintonia com os ritmos do universo. Seu nascimento nem sempre é desejado. Muitos são escolhidos, e não escolhem. O chamado vem em forma de doença, visões, sonhos recorrentes, desgraças inexplicáveis. Quando uma pessoa começa a ouvir vozes que ninguém mais ouve, a ver animais falando ou sentir dores que os médicos não explicam, os anciãos sabem: talvez Tengri tenha colocado nele o fardo e o dom do *kamlık*, o caminho xamânico.

Esse chamado é geralmente confirmado por um xamã mais velho, que reconhece os sinais. A iniciação então começa – e é rigorosa. Envolve isolamento, jejuns, provações físicas e espirituais. O candidato deve morrer simbolicamente para o mundo comum e renascer como mediador. Em certas tradições, diz-se que o espírito do futuro xamã é literalmente desmembrado por entidades do outro mundo e depois reconstituído com ossos de cristal e carne de fogo. Essa "morte ritual" é condição para que ele possa entrar e sair dos mundos sem ser destruído. Aquele que não foi quebrado não pode curar os quebrados.

Uma vez reconhecido como xamã, o indivíduo recebe um novo nome – muitas vezes revelado em sonho ou transmitido por um espírito protetor. Passa a usar trajes específicos durante os rituais: túnicas com medalhas, espelhos, sinos, peles de animais. Cada adorno tem significado. Os espelhos refletem e afastam espíritos malignos. As peles evocam os aliados do xamã – lobos, águias, ursos. Os sinos anunciam sua passagem entre os mundos. O tambor é seu cavalo. Com ele, o xamã cavalga pelos céus e pelos abismos.

O tambor, de fato, é inseparável do xamã. Confeccionado com madeira sagrada e couro consagrado, ele é mais que instrumento – é um espírito em si. O som rítmico, grave e pulsante induz ao transe, altera a consciência, abre os portais invisíveis. Ao tocá-lo, o xamã entra em outro estado de percepção. Seus olhos se reviram, sua voz muda, seus movimentos tornam-se fluidos e imprevisíveis. Nesse estado, ele pode ascender ao mundo celestial para buscar orientação, ou descer ao submundo para libertar almas aprisionadas.

Cada jornada é única. Nenhum transe é igual ao outro. Às vezes, o xamã encontra uma criança extraviada que precisa ser conduzida de volta ao corpo. Outras vezes, encara espíritos vingativos que exigem reparações. Em algumas ocasiões, dialoga com os ancestrais para entender o porquê de uma maldição ou a origem de uma doença. Esses encontros são simbólicos, sim, mas também concretos. O xamã os vive como realidades vivas. Ele volta com informações, orientações, bênçãos ou alertas. Sua verdade é resultado da experiência direta, não de doutrina.

No cotidiano da tribo, o xamã não é apenas invocado em situações extremas. Ele é parte da vida. As pessoas o consultam antes de uma caçada, antes de uma viagem, antes de um casamento. Ele interpreta presságios, analisa o comportamento dos animais, lê os sinais do céu. É chamado para abençoar o nascimento de uma criança ou consolar os familiares diante da morte. É ele quem garante que a alma do falecido chegue com segurança ao mundo dos ancestrais. Em algumas culturas, esse papel é conhecido como psicopompo – condutor de almas.

Mas o xamã também cura. E cura de maneira profunda. Quando uma doença atinge alguém, e os remédios falham, o xamã é chamado. Ele investiga a origem espiritual do mal: foi uma alma perdida? Um espírito da floresta ofendido? Um ancestral esquecido? Um pacto rompido? A partir disso, prescreve um ritual: banhos de fumaça, oferendas, danças, orações. Às vezes, ele extrai objetos "mágicos" do corpo doente – pedras, espinhos, insetos invisíveis. Às vezes, apenas canta. E a cura acontece. Não porque seja milagreiro, mas porque sabe restaurar o fluxo interrompido.

A relação do xamã com os espíritos é baseada em respeito mútuo. Ele não os comanda. Ele negocia. Aprende seus nomes, seus gostos, seus humores. Tem espíritos auxiliares – chamados *ongon* – que o acompanham em suas viagens. Alguns são ancestrais seus, outros são entidades da natureza. Esses espíritos não o possuem, mas o protegem. Quando um xamã entra em transe profundo, muitas vezes é um *ongon* que assume a fala, que dá conselhos, que faz profecias. O povo escuta com atenção. Sabe que ali fala uma sabedoria que não é humana.

É importante notar que no tengriismo clássico não há uma instituição religiosa organizada. Não há hierarquia de sacerdotes, nem templos fixos. Cada xamã é autônomo, e sua legitimidade vem de sua eficácia. Se cura, se orienta, se vê o invisível, então é respeitado. Caso contrário, perde a confiança do povo. Isso confere ao xamã uma enorme responsabilidade. Não pode mentir, nem manipular. Sua vida é transparente, porque sua alma está exposta ao olhar dos céus. E ele sabe que Tengri não tolera impostura.

Mulheres também podem ser xamãs – são as *udgan* entre os mongóis. Elas possuem dons particulares, muitas vezes mais ligadas à cura, à maternidade espiritual, à mediação com espíritos femininos e da terra. Em algumas tradições, as *udgan* são vistas como capazes de alcançar níveis ainda mais profundos de transe. Seus cantos são doces, mas poderosos. Quando entram em estado alterado, sua voz parece a da Mãe Terra. E aqueles que as ouvem sentem-se curados só pelo som.

Hoje, mesmo nos contextos urbanos e globalizados, xamãs continuam existindo. Muitos atuam nas cidades, atendendo pessoas em busca de sentido, cura e reconexão. Alguns adaptaram seus rituais, usando velas, incensos, tambores modernos. Mas o princípio é o mesmo: conectar o ser humano às forças invisíveis que o sustentam. Em regiões como Tuva, Buriácia, Iacútia e Mongólia, há federações de xamãs, escolas de iniciação, congressos espirituais. O saber antigo encontra novas formas de se manifestar, mas a essência permanece intacta.

Ao observar a continuidade da prática xamânica nos dias atuais, percebe-se que o xamã moderno, apesar de transitar em ambientes urbanos e lidar com questões contemporâneas, mantém-se fiel à sua função ancestral: restaurar o elo rompido entre o ser humano e os planos invisíveis da existência. As dores mudaram de forma, mas não de essência. Se antes os males vinham da floresta ou do clã, hoje vêm do excesso de informação, da desconexão com o corpo, da ausência de raízes. O xamã reconhece essas novas paisagens da alma, mas ainda percorre os mesmos caminhos sutis para trazer cura. Ele entende que, mesmo em meio ao concreto das cidades, o espírito continua a pedir espaço para respirar.

Além da cura individual, o xamã de hoje também atua como guardião de uma memória ancestral que corre o risco de se apagar. Ao manter vivos os cânticos, os rituais, os mitos e os gestos sagrados, ele preserva não apenas uma tradição, mas uma forma de viver e perceber o mundo. Em um tempo de ruptura, sua presença é um lembrete de que há sabedorias que não se dobram ao tempo linear, que falam de ciclos, de escuta profunda, de integração. Ele não está ali para competir com a ciência ou com as religiões estabelecidas, mas para lembrar que há outros modos de saber – modos que passam pelo corpo, pelo sonho, pelo silêncio.

    Assim, o xamã permanece como uma figura essencial em qualquer tempo: aquele que não teme o invisível, que mergulha nas sombras para acender pequenas luzes, que caminha entre mundos com humildade e firmeza. Sua existência convida a uma reeducação do olhar – não para ver mais, mas para ver melhor. Ao escutar seus tambores e histórias, somos levados a reconhecer que a verdadeira cura não é apagar a dor, mas reintegrar o que foi separado. E nisso, o xamã, com seus espelhos, sinos e cantos, continua sendo ponte: entre passado e futuro, entre o visível e o invisível, entre o ser humano e tudo o que há.

Capítulo 13
Rituais Sagrados

Nas estepes varridas pelo vento, sob o céu imenso e silencioso, o povo nômade não construiu templos de pedra nem ergueu catedrais – mas cada monte, cada árvore, cada fogo aceso era um altar vivo. No coração do tengriismo, os rituais sagrados são o fio que costura os mundos: céu, terra, submundo e espírito humano. Eles não são cerimônias para impressionar, nem atos de submissão a uma divindade distante. São gestos de comunhão. Ofícios de equilíbrio. Diálogos com as forças invisíveis que sustentam a existência.

Desde o alvorecer de um novo dia até os grandes ciclos do ano, o tengriismo se expressa em rituais. Eles variam de clã para clã, de povo para povo, mas compartilham uma estrutura: oferenda, invocação, presença, silêncio. A matéria é simples – leite, fumaça, carne, fogo, pedra – mas a intenção é profunda. A ação ritual é sempre relacional: não se faz "para" os deuses, mas "com" eles. Como quem partilha uma refeição com um parente antigo, um espírito próximo.

O primeiro dos rituais, e talvez o mais cotidiano, é a oferenda ao céu ao despertar. Nas primeiras luzes da manhã, especialmente nas famílias tradicionais, derrama-se um pouco de leite para o alto. Não como superstição, mas como agradecimento. O leite, essência do rebanho, é vida compartilhada. O gesto é acompanhado de palavras – às vezes murmuradas, às vezes cantadas. "Pai Céu, receba nosso dia. Guie nossos passos. Proteja nosso lar." É uma oração sem livro, mas com alma. Não há cerimônia mais sincera do que essa oferenda matinal.

Outros rituais se dão ao redor do fogo doméstico, que é ele mesmo um espírito. O fogo, para o tengriismo, é ser vivo. Possui humor, memória, sabedoria. Deve ser aceso com respeito, alimentado com parcimônia, e nunca insultado com palavras torpes. A cada manhã, o primeiro fogo é saudado. Durante as refeições, um pedaço é jogado no fogo – "para os espíritos". Em noites de decisão ou doença, canta-se para o fogo. Ele é o centro do lar, o elo com os ancestrais, o guardião invisível. Não se joga lixo no fogo. Não se apaga com raiva. Ele ouve.

O sacrifício de animais, presente em muitas tradições, também faz parte dos rituais tengriistas – mas com distinções importantes. Não se mata por matar. A vida do animal é respeitada. Antes do corte, há prece. O xamã ou o chefe da família pede permissão ao espírito do animal, agradece à Mãe Terra, e oferece a vida ao Céu. Em algumas ocasiões, um cavalo branco é sacrificado para Tengri – um gesto raríssimo, reservado a eventos extremos. O cavalo, companheiro do nômade, é visto como intermediário entre os mundos. Sua morte ritual é uma viagem oferecida ao mundo espiritual.

Outro ritual central é o *ovoo tahilga*, realizado nos montes de pedras – os ovoo – espalhados pelas colinas.

Esses montículos são altares naturais, marcadores de passagem, pontos de contato com os espíritos da terra e do céu. Quando se passa por um ovoo, é costume dar três voltas ao redor dele, no sentido horário, e deixar uma oferenda: uma pedra, um lenço azul, um pouco de leite, vodka ou tabaco. Cada gesto é uma saudação, um pedido, uma renovação de aliança com os guardiões invisíveis do lugar. Subir uma colina com esse propósito é mais que caminhada – é ascensão espiritual.

Nas grandes celebrações do ano, os rituais se tornam coletivos. No solstício de verão, por exemplo, realizam-se festividades ao ar livre. Famílias se reúnem, acendem fogueiras, dançam, cantam. Um xamã lidera a invocação aos espíritos benévolos, agradece a Tengri pela luz, pela colheita, pela vida. Nesse momento, toda a comunidade é uma só alma. As crianças aprendem os cânticos. Os anciãos repetem as histórias. Os jovens renovam sua identidade. É rito, é festa, é espelho da ordem cósmica refletida no corpo social.

Quando há enfermidade, o ritual se transforma em cura. O xamã consulta os espíritos, prepara o espaço – pode ser uma tenda, uma clareira, uma casa. O tambor começa a soar. O fogo é aceso com madeira escolhida. O paciente é purificado com fumaça de zimbro ou artemísia. O xamã dança, entra em transe, dialoga com o mundo oculto. O ritual pode durar horas, às vezes a noite inteira. A comunidade assiste em silêncio ou participa com palmas, cantos, gritos. Se a alma perdida retorna, o paciente abre os olhos. Chora. Respira. Sorri. O ritual cumpriu seu propósito.

Há também rituais de passagem – nascimento, puberdade, casamento, morte. O nascimento é celebrado com bênçãos da Mãe Terra e de Umay, deusa protetora das crianças. Colocam-se talismãs no berço, entoa-se cânticos suaves, e o fogo é mantido aceso para espantar espíritos hostis. A puberdade, especialmente entre os meninos, é marcada por pequenos ritos de coragem: montar um cavalo selvagem, caçar com os mais velhos, passar uma noite sozinho sob o céu. O casamento é uma união não apenas entre duas pessoas, mas entre duas linhagens, duas casas espirituais. O ritual é acompanhado de danças, libações e votos perante o céu.

A morte, talvez o mais solene dos ritos, é tratada com reverência e calma. O corpo é lavado, ungido, vestido com suas melhores roupas. O fogo é mantido vivo na casa. Cânticos são entoados para guiar a alma. O xamã pode acompanhar a travessia, assegurando que a alma chegue ao lugar certo entre os ancestrais. Nos dias seguintes, faz-se oferendas de comida e bebida – não porque os mortos comam, mas porque o gesto alimenta o elo entre os mundos. A alma, agora livre, pode visitar os vivos, proteger os descendentes, enviar sinais em sonhos.

Em todas essas práticas, nota-se uma ausência notável de rigidez dogmática. Os rituais tengriistas não obedecem a livros sagrados. Não são seguidos por medo de punição, mas por desejo de conexão. A espiritualidade se expressa no gesto, no canto, no silêncio entre as palavras. Cada clã, cada família, adapta os rituais ao seu modo de viver, ao seu território, às suas necessidades. Não há ortodoxia. Há coerência com a vida. E essa coerência é medida pelo bem-estar coletivo, pela harmonia com a natureza, pela presença sentida dos espíritos.

 Nos tempos modernos, muitos desses rituais voltaram à tona. Não mais como relíquias folclóricas, mas como práticas espirituais vivas. Na Mongólia, é comum ver jovens subindo montanhas para oferecer vodca a Tengri. No Cazaquistão, festivais tradicionais incluem ritos de fogo e preces aos ancestrais. Na Iacútia, o festival Yhyakh renasceu com vigor, combinando danças antigas, cantos ao céu e bênçãos xamânicas. Até em ambientes urbanos, pequenos altares com pedras, tecidos e incenso surgem em sacadas de apartamentos. O ritual se adapta. E a alma sente-se em casa.

 O tengriismo, com sua visão holística do mundo, ensina que não há separação entre o sagrado e o cotidiano. Cozinhar pode ser ritual. Cuidar dos animais pode ser oferenda. Observar o céu noturno pode ser oração. O importante não é o formalismo, mas a intenção. Onde há presença, respeito e abertura, há ritual. E onde há ritual, há ligação. E onde há ligação, há cura.

 A continuidade dos rituais tengriistas no presente mostra que sua essência não está nos objetos usados ou nos lugares onde se realizam, mas na qualidade do vínculo que estabelecem. Em meio ao ritmo apressado da vida contemporânea, eles oferecem um retorno ao tempo circular, ao gesto com sentido, à atenção plena. Mesmo que a paisagem mude e os símbolos se transformem, o espírito do ritual permanece: criar uma fenda no cotidiano por onde o invisível possa respirar.

Ao acender uma vela, ao tocar o tambor, ao deixar uma oferenda de leite, o praticante refaz a ponte entre o humano e o cosmos, recordando que a vida não é só o que se vê, mas também tudo o que pulsa por trás do véu do visível.

Esses rituais, por sua maleabilidade e profundidade, revelam uma espiritualidade de escuta e reciprocidade. Não se trata de dominar o mundo espiritual, mas de entrar em relação com ele, com humildade e reverência. Cada gesto ritual carrega o peso da tradição e a leveza do presente. Ao envolver corpo, voz, memória e intenção, o rito se torna completo. Ele educa o coração, realinha o pensamento e fortalece o senso de pertencimento. Crianças crescem sabendo que o céu merece respeito, que o fogo é vivo, que a pedra escutada responde. Não é uma fé cega, mas um aprendizado sensível, onde cada elemento natural se torna um mestre.

O verdadeiro legado dos rituais sagrados do tengriismo não é apenas cultural ou espiritual, mas existencial. Eles lembram que o ser humano não está acima da natureza, mas dentro dela, como uma das vozes da grande canção cósmica. Quando essa canção é cantada com o corpo inteiro, com alma presente e mãos abertas, ela cura – não como milagre, mas como reconexão. E esse é o maior presente de um ritual: não mudar o mundo ao redor, mas permitir que o mundo dentro de nós se alinhe novamente com o céu, a terra, e tudo o que vive entre eles.

Capítulo 14
Cura Xamânica

A alma, no universo tengriista, não adoece em silêncio. Quando se desequilibra, ela fala – por meio do corpo, do humor, do destino que se turva. Para os povos nômades da estepe e da taiga, a doença não era apenas um acidente fisiológico, mas um sinal de ruptura entre o ser humano e os mundos visíveis e invisíveis. A cura, portanto, não era uma operação mecânica, mas uma jornada espiritual. E o curador, por excelência, era o xamã. Seu tambor não era instrumento de espetáculo, mas bisturi da alma. Suas palavras não eram metáforas, mas fórmulas vivas. Ele tratava não sintomas, mas causas. Não apenas o que doía, mas o que estava ausente. A cura xamânica era reconexão.

Para compreender plenamente o modo como essa cura se dá, é necessário abandonar a separação moderna entre mente, corpo e espírito. No tengriismo, tudo está interligado: a saúde do indivíduo depende do alinhamento com a natureza, com os ancestrais e com as múltiplas almas que compõem sua existência. A doença pode surgir de causas espirituais diversas: perda de alma (muito comum), intrusão de um espírito malévolo, quebra de um tabu natural, ou ainda desequilíbrio energético gerado por emoções prolongadas e não digeridas – como inveja, medo, rancor. O xamã é chamado não apenas quando tudo falha, mas quando se percebe que o mundo visível não dá conta da explicação.

O processo começa com a escuta. O xamã, ao ser procurado, não formula diagnósticos no sentido técnico da medicina moderna. Ele observa, escuta o timbre da voz, o modo como os olhos se movem, o que é dito e, principalmente, o que não é dito. Às vezes ele não faz perguntas. Apenas toca seu tambor, fecha os olhos e entra em sintonia com os espíritos auxiliares. Pergunta-lhes o que houve. E os espíritos respondem – por imagens, sons, sensações. Em outras ocasiões, um sonho revela a origem da enfermidade. Ou o comportamento de um animal, ou o vento que sopra diferente naquela manhã.

Quando a causa espiritual é identificada, o ritual de cura é preparado. Pode ser simples ou elaborado, dependendo da gravidade do caso. Às vezes, um banho de fumaça de zimbro é suficiente para dispersar um espírito intruso. Outras vezes, são necessárias longas noites de cantos, danças, oferendas e enfrentamentos. Em muitos casos, o xamã entra em transe e viaja espiritualmente até o submundo, onde a alma do paciente pode estar presa. Nessa jornada, ele negocia com os guardiões do submundo, oferece presentes, canta nomes sagrados, até libertar a alma. Quando ela retorna, o paciente, antes apático e distante, desperta como de um longo sono. Abre os olhos. Respira fundo. Chora.

Outro método comum é a sucção espiritual. O xamã identifica o ponto do corpo onde se alojou a intrusão – pode ser um feitiço, um espírito maligno, ou um "objeto" etéreo – e suga com a boca. Depois cospe no fogo. O som que se ouve ao cair pode ser sinal de que o mal foi queimado. Não raro, o xamã apresenta o objeto retirado: uma pedra escura, um osso minúsculo, um verme invisível. O gesto é simbólico, mas não menos eficaz. Porque o doente sente-se leve. Diz que o peso saiu. Que o nó se desfez.

Há ainda os rituais de devolução de alma. Quando uma parte da alma se perde – seja por trauma, susto ou luto – ela pode vagar, esquecer-se de voltar. O xamã, então, chama por ela. Três vezes, em voz firme e melodiosa, diz o nome da alma. Acena com oferendas, lembra-lhe quem é, onde vive, quem a ama. A alma, sensibilizada, retorna. Ao retornar, o olhar do paciente muda. Há uma centelha que se reacende. Os xamãs dizem que, quando a alma volta, o corpo sorri – mesmo em silêncio.

As curas xamânicas também envolvem elementos naturais: pedras, plantas, água, fogo. O xamã conhece as ervas que limpam, que aquecem, que adormecem, que despertam. Sabe onde cresce a raiz que afasta o medo. Sabe queimar a folha que afasta os maus ventos. Mas nada é usado sem consentimento espiritual. Antes de colher, o xamã pede permissão à planta. Agradece. Deixa algo em troca – um fio de cabelo, um pouco de leite, uma pedra. A cura, no tengriismo, é sempre recíproca. Nada se toma sem dar.

Há também os tratamentos com água: banhos em rios sagrados, mergulhos em fontes específicas, ou mesmo a lavagem com água consagrada por cânticos. A água, símbolo da vida e do fluxo, é veículo de purificação. Ela leva embora o que está velho, estagnado, corrompido. Em algumas tradições, o paciente precisa jejuar antes de receber a água. Em outras, deve passar por provas – como enfrentar o escuro, escutar sem falar, suportar o frio – para demonstrar à alma que está disposto a curar-se.

Nos casos mais graves, a cura depende de todo o clã. O xamã convoca todos. O ritual se torna coletivo. Todos batem palmas, entoam refrões, alimentam o fogo. Não se trata apenas de ajudar o doente. Trata-se de reequilibrar a comunidade. Porque a doença de um pode ser o reflexo da doença do todo. E a cura verdadeira é aquela que alcança a todos. Por isso, mesmo hoje, muitos rituais são feitos em grupo. Mesmo nas cidades, mesmo entre desconhecidos. Porque quando uma alma se cura, todas se alegram.

Há casos em que a cura não acontece. A alma já está pronta para partir. O xamã, então, não força. Seu papel se torna outro: o de guiar. De preparar o espírito para a viagem. De garantir que o morto encontre o caminho certo. De consolar os vivos. De mostrar que a morte não é fim, mas transição. Em muitos casos, a presença do xamã no momento da morte é mais importante que qualquer tratamento. Porque ele canta para a alma que se solta. E a alma, ao ouvir seu nome cantado, atravessa com serenidade.

Nos tempos modernos, a cura xamânica continua viva. Em hospitais alternativos, em retiros espirituais, em comunidades indígenas urbanas. O tambor continua soando. A fumaça continua subindo. A alma continua sendo chamada. Muitos a buscam como última esperança. Outros, como primeira escolha. Há quem a veja como superstição. Mas há também quem testemunhe curas inexplicáveis. Quem sinta a alma voltar. Quem veja o brilho renascer nos olhos. E isso basta.

A persistência da cura xamânica no mundo contemporâneo revela uma necessidade ancestral que ressurge em novas roupagens: a de reconectar o ser humano com o que foi perdido — não apenas no plano espiritual, mas também no simbólico, no emocional, no relacional. Mesmo diante da medicina tecnológica, com seus diagnósticos precisos e terapias sofisticadas, há um vazio que permanece intocado. A cura xamânica não concorre com a ciência; ela atua onde os exames não alcançam: no terreno do invisível, da memória silenciada, do trauma que ainda ecoa. Ela não nega a dor, mas a escuta. E ao escutá-la, convida a alma a retornar para si mesma.

Essa escuta, profunda e sagrada, é talvez o maior dom do xamã. Ele não cura por imposição, mas por presença. Sua força está em sua disponibilidade total ao mundo espiritual, e em sua habilidade de decifrar a linguagem dos ventos, das pedras, dos olhos que sofrem calados. A cura que ele oferece não é uniforme, nem previsível. Cada paciente é um universo. Cada alma, um mistério. Por isso, o xamã não aplica técnicas — ele se entrega ao rito como quem entra numa floresta escura, confiante de que será guiado. E quando volta, traz não apenas alívio, mas sentido. A dor, mesmo quando persiste, já não é muda. E isso transforma.

A verdadeira cura, segundo o xamanismo tengriista, não está apenas em "eliminar" a doença, mas em restaurar o fluxo da vida. Quando esse fluxo retorna, mesmo a morte pode ser recebida com paz. Porque a alma, então, não está mais perdida, nem fragmentada — está inteira, consciente de si, conectada à trama sagrada que envolve todas as coisas. O xamã, com seu tambor e sua canção, continua sendo o condutor desse retorno. E enquanto houver almas à procura de casa, seu caminho nunca cessará.

Capítulo 15
Totens e Símbolos

As estepes ondulantes, os picos nevados do Altai e os desertos vastos da Ásia Central são paisagens onde os ventos antigos sussurram segredos que não foram esquecidos, apenas adormecidos. No seio dessas terras, os povos nômades não construíram templos de pedra, mas ergueram sua espiritualidade nas linhas invisíveis que unem homem, animal, céu e terra. E para dar forma a esse universo espiritual, criaram símbolos – imagens vivas, portadoras de poder. Os totens e símbolos do tengriismo não são apenas emblemas decorativos ou marcas tribais: são condensações de sabedoria, pontes entre mundos, espelhos da alma coletiva.

O totem, no contexto tengriista, é mais que uma figura sagrada. É um ancestral vivo, uma presença espiritual que guia e protege. Cada clã, cada tribo, cada grupo familiar podia ter seu animal totêmico – um ser com o qual compartilhava virtudes, histórias, destino. Os lobos, por exemplo, ocupam lugar central em muitos mitos fundadores. Para os turcos antigos, o Bozkurt, o lobo cinzento, era o guia ancestral que os conduzira pela escuridão até um novo vale de esperança. O mito de Asena, a loba que deu origem a linhagens turcas, é símbolo dessa união profunda entre humano e animal.

Os lobos não eram apenas temidos ou admirados: eram irmãos espirituais. Quando uivavam à noite, era ouvido como chamado do sangue, lembrança das origens. Um guerreiro que carregava o lobo em sua bandeira ou tatuado no corpo não apenas imitava sua coragem – ele evocava a proteção do espírito totêmico que havia vigiado seu povo por gerações. O lobo era astuto, leal ao grupo, rápido e silencioso – qualidades desejadas por todos os que viviam do movimento constante e da vigilância em terras selvagens.

Outros totens igualmente poderosos incluíam o cervo, a águia, o urso e o cavalo. O cervo, gracioso e vigilante, era visto como mensageiro dos deuses e guia de almas. Em alguns contos, é o cervo que aparece ao xamã em sonho e o conduz pela Árvore do Mundo. A águia, com sua visão aguçada e voo majestoso, representava o espírito que tudo vê, a ponte entre o alto e o baixo. Era símbolo da conexão direta com Tengri. O urso, por sua vez, era a força indomada, o guardião das florestas. Entre povos siberianos e altaicos, o urso é muitas vezes considerado o antepassado primordial, protetor das crianças e curandeiro. Já o cavalo, companheiro inseparável do nômade, é mais que montaria – é mediador entre mundos, transporte de almas, símbolo da liberdade e da fidelidade.

Esses totens não viviam apenas nas histórias: estavam presentes nos objetos do cotidiano. Eram esculpidos nos arcos dos guerreiros, bordados nos mantos cerimoniais, pintados nos tambores xamânicos. A arte xamânica, aliás, é linguagem simbólica pura. Cada traço, cada espiral, cada ponto no couro do tambor representa um nível da realidade, uma direção sagrada, um espírito guardião. O tambor em si é um microcosmo: seu aro circular representa o mundo do meio; sua superfície plana, o céu visível; o fundo de couro, o mundo inferior. Quando o xamã toca o tambor, ele ativa todos os planos da existência.

Na simbologia tengriista, alguns elementos visuais aparecem repetidamente e com grande força: o sol, a lua, a árvore e o círculo. O sol – Gun Ana, a Mãe Sol – é vida, calor, bênção. A lua – Ay Ata, o Pai Lua – é proteção noturna, equilíbrio, intuição. Ambos são considerados divindades celestes e aparecem em cantos, bandeiras, pingentes. A bandeira do Quirguistão, por exemplo, traz o sol estilizado com quarenta raios, referência direta à cosmologia tengriista. A árvore do mundo, presente no centro de muitos desenhos xamânicos, é o eixo que liga os três mundos: suas raízes tocam o submundo, seu tronco atravessa o mundo do meio, e sua copa alcança o céu. O círculo, por fim, representa a totalidade, o ciclo da vida, a eternidade do céu. É símbolo recorrente em ornamentos de yurts, tambores e jóias.

A claraboia redonda no topo das tendas – o *tóono* mongol – é um símbolo em si. É por onde a fumaça do fogo sagrado sobe. É por onde se avista o céu. É por onde entram os espíritos. O tóono é a pupila da casa, o olho que conecta o lar ao firmamento. Durante os rituais, o xamã olha para ele quando busca sinais do céu. Algumas tradições dizem que as almas dos mortos saem por ali para alcançar o mundo celeste. Por isso, nunca se cobre o tóono em certos momentos do dia.

Com o renascimento moderno do tengriismo, novos símbolos começaram a ser criados, baseados nas tradições antigas. Um dos mais difundidos é o emblema que une a escrita rúnica para "Tengri", o desenho da abertura do yurt e a forma do tambor xamânico. Esse símbolo triplo aparece em amuletos, tatuagens e bandeiras de movimentos tengriistas contemporâneos. Ele resume, numa só imagem, os três pilares da espiritualidade ancestral: o céu, a casa e o caminho espiritual.

As cores também têm significado profundo. O azul – especialmente o azul-turquesa – é a cor do céu, da serenidade, da verdade. Era usado nas faixas dos xamãs, nas bandeiras tribais, nas roupas cerimoniais. É comum ver lenços azuis amarrados em árvores sagradas ou sobre os ovoo. O branco representa a pureza, a benevolência, os espíritos luminosos – os chamados "Tengri brancos". Já o preto é associado aos "Tengri negros", espíritos severos ou do submundo, que também são respeitados, embora temidos. Vermelho pode representar a vida, o sangue, a força vital. Cada cor, em cada contexto, é oração silenciosa.

Certos objetos tornaram-se símbolos vivos. O tambor do xamã, por exemplo, é um altar portátil. O bastão com sinos, usado para afastar espíritos negativos. O espelho preso à roupa – não para vaidade, mas como proteção mágica. Amuletos com olhos de animais, pedras específicas, ossos esculpidos – tudo isso são fragmentos de um alfabeto espiritual que resiste há milênios. Um símbolo, para o tengriismo, não é coisa morta: é um espírito condensado. Um lobo de madeira pode conter a memória de todo um clã. Uma águia desenhada num escudo pode evocar a coragem de gerações passadas.

    A transmissão desses símbolos ocorre de forma oral e visual. As crianças aprendem suas formas, histórias e usos desde cedo. Não há necessidade de livros: o conhecimento está nos cantos, nos ornamentos, nas mãos dos mais velhos. Ao bordar uma capa com o símbolo do sol, uma avó ensina sobre a luz que nunca cessa. Ao entalhar um cervo num bastão, um avô lembra que o espírito caminha com o neto. É assim que o simbolismo não se perde. Ele vive. Circula. Renasce.

    Mesmo nos dias de hoje, em contextos urbanos, esses símbolos encontram espaço. Jovens turcos tatuam o símbolo de Tengri nos braços. Mongóis penduram miniaturas de ovoo no retrovisor do carro. Em cerimônias contemporâneas, novos objetos são consagrados como totêmicos: câmeras fotográficas para xamãs modernos que registram o invisível; microfones usados em rituais transmitidos ao vivo pela internet. O símbolo se adapta, sem perder sua alma. Porque o que o torna sagrado não é a forma externa, mas a intenção e a reverência que o anima.

    Os totens e símbolos do tengriismo, portanto, não são ornamentos de um passado distante. São caminhos para o invisível. São pontes entre o ancestral e o contemporâneo. São lembretes de que há uma ordem maior, uma presença que observa, um sentido que escapa à lógica fria. Em tempos de desmemória, eles são raízes. Em tempos de confusão, são bússolas. Em tempos de exílio interior, são casa.

Essa potência simbólica não se limita a representar o sagrado; ela o convoca, o torna presente. Cada totem, cada traço, cada cor desperta no indivíduo e na comunidade uma memória adormecida, um chamado para algo que ultrapassa o imediato. Os símbolos tengriistas não são passivos – eles agem, abrem portais internos, reorganizam o mundo íntimo. Ao observar a figura de um lobo entalhado, não se está apenas vendo arte: está-se tocando, com os olhos, o espírito que protege, a narrativa que sustenta, a identidade que ancora. Assim, o símbolo deixa de ser apenas imagem e torna-se experiência, um modo de participar da realidade invisível.

Essa participação não é abstrata. Ela se dá nos gestos diários, nas escolhas, nas alianças espirituais que cada um firma ao portar ou evocar um símbolo. Escolher carregar o azul do céu ou o espelho do xamã é também assumir uma postura diante do mundo – de busca, de escuta, de responsabilidade. Os símbolos moldam a ação, porque relembram ao portador quem ele é e a qual linhagem de sabedoria pertence. São formas que educam silenciosamente, que sussurram no cotidiano: "lembra-te do que te habita". E, nesse sentido, os totens não estão apenas fora – estão dentro, latentes, prontos para serem despertos.

É por isso que, mesmo num tempo em que tudo parece descartável e efêmero, os símbolos tengriistas continuam vivos. Eles resistem porque falam diretamente à alma, sem precisar de tradução. Sua força está na simplicidade que atravessa o tempo, na beleza que ainda reverbera nas mãos de quem desenha, borda ou ergue um ovoo no alto de uma colina. Cada símbolo é um convite ao reencontro – com os ancestrais, com a natureza, com o próprio espírito. E onde há reencontro, há caminho. E onde há caminho, mesmo na mais árida das paisagens, a alma encontra direção.

Capítulo 16
Locais Sagrados

Em um mundo onde a paisagem é mais que pano de fundo, onde cada cume guarda um espírito, cada rio tem uma voz, e cada clareira esconde uma presença, o conceito de local sagrado ganha uma densidade que vai além da metáfora. No tengriismo, os lugares não são apenas espaços geográficos – são seres. Seres antigos, conscientes, que respiram e observam. Cada monte, cada fonte, cada árvore singular é uma entidade viva que participa da rede espiritual que liga o Céu, a Terra e o ser humano. Os locais sagrados não são eleitos arbitrariamente: eles se revelam. E os antigos sabiam escutá-los.

O que define a sacralidade de um lugar, então, não é a construção humana sobre ele, mas sua natureza intrínseca. Um monte solitário no horizonte pode se tornar o ponto onde o céu toca a terra. Uma nascente límpida pode ser a boca por onde a Mãe Terra sussurra. E quando os homens reconhecem esses pontos, não os dominam – os veneram. O respeito não se expressa em destruição ou exploração, mas em silêncio, oferenda e presença atenta.

Na Mongólia, uma dessas montanhas sagradas é Burkhan Khaldun, situada na província de Khentii. Seu nome, que pode ser traduzido como "Montanha Sagrada do Deus", está entrelaçado com a história mais simbólica do povo mongol: Gêngis Khan, segundo as lendas, ali nasceu e ali rezou inúmeras vezes. Ele mesmo teria declarado a montanha como guardiã de sua linhagem e ali pediu auxílio a Tengri antes de suas grandes campanhas. Desde então, Burkhan Khaldun é não apenas um marco geográfico, mas um pilar espiritual. Mongóis ainda hoje sobem seus flancos em peregrinação, não com intenções turísticas, mas para escutar os ecos dos ancestrais e prestar tributo ao Céu.

Outro pico reverenciado é o Khan Tengri, situado entre o Cazaquistão e o Quirguistão. Seu nome já denuncia sua natureza: "Khan do Céu" ou "Senhor Celestial". Trata-se de uma das montanhas mais altas da cordilheira Tian Shan e, por sua forma piramidal perfeita e neve eterna, foi desde a antiguidade identificada como morada de seres superiores. Povos que habitavam ao redor jamais subiam seus cumes sem propósito cerimonial. Os ventos ali são considerados mensageiros. E quando a neblina encobre o cume, dizem que Tengri está em conselho com os espíritos.

Mas nem só as grandes montanhas possuem sacralidade. Muitos dos locais sagrados são modestos em aparência: uma árvore que cresceu isolada no meio da estepe, uma caverna escondida entre rochas, um lago circular com águas imóveis. O que os torna especiais não é sua imponência, mas os sinais. A presença de animais que ali não se mostram em outros lugares. O comportamento anômalo do vento. A sensação de que algo ali está observando, testando, esperando.

Para marcar esses pontos de poder, os povos nômades criaram os ovoo (em mongol) ou oboo (em turco). Trata-se de montes de pedras ou madeira erguidos em pontos específicos – topos de colinas, passagens entre montanhas, cruzamentos de caminhos. Cada ovoo é um altar a céu aberto. Nele se depositam oferendas: pedras trazidas de longe, pedaços de tecido azul-turquesa, garrafas de vodca ou leite, moedas, pequenas esculturas. Ao passar por um ovoo, os viajantes param, caminham três vezes em volta no sentido horário e fazem sua oração. É um gesto de continuidade espiritual: de que a jornada física é também uma jornada cósmica.

Os ovoo não são simples monumentos. São portais. Ali, as preces sobem. Ali, os espíritos descem. Durante rituais, o xamã pode convocar os ancestrais para "sentarem-se" sobre o ovoo e ouvirem o clã. Algumas famílias têm seu ovoo próprio. Outras compartilham ovoos tribais. Em grandes festivais, os ovoos são adornados com novos panos, limpos de detritos, e reativados com cantos e fumaça de zimbro. Há ovoos tão antigos que suas camadas contam a história da própria tribo – cada pedra, uma geração; cada laço, uma promessa feita ao Céu.

Fontes de água também são profundamente respeitadas. Nascentes e rios não são meros recursos – são seres. Cada fonte tem seu espírito, seu "iye". Ofendê-lo – urinando ali, jogando lixo, desviando a água sem permissão – é considerado falta gravíssima. Os xamãs às vezes vão até essas águas para receber visões. E antes de grandes decisões, muitos mergulham ou bebem dessas fontes, pedindo clareza e bênção. Há nascentes específicas para fertilidade, outras para cura, outras para inspiração poética. Em alguns vales, há pedras que "choram" água – e essas lágrimas da terra são vistas como lágrimas da Mãe.

Florestas também abrigam locais sagrados. Áreas onde os sons parecem se abafar, onde a luz penetra de forma diferente. Ali vivem espíritos antigos, guardiões da vida vegetal e animal. Algumas árvores são consideradas morada desses seres – especialmente as mais antigas, tortuosas, solitárias. Em torno delas se amarram faixas de pano, se deixam alimentos ou se entoam cânticos. Cortar uma dessas árvores sem permissão é chamar desgraça sobre si. Em muitos casos, um xamã precisa interceder para "acalmar" o espírito ofendido.

Há ainda as grutas e cavernas, associadas ao submundo. Elas não são evitadas por medo, mas por respeito. Entrar numa caverna é atravessar o ventre da terra. Antes de adentrar, é costume acender uma chama, oferecer tabaco ou mel, e pedir licença. Algumas dessas cavernas são locais de iniciação xamânica. Ali, o aprendiz passa dias em jejum, escutando o que as pedras têm a dizer. Quando emerge, renascido, já não é o mesmo.

O espaço também é sagrado nas tendas e lares nômades. O centro da yurt – onde fica o fogo – é o coração espiritual da casa. Ao redor dele organiza-se não apenas o mobiliário, mas o próprio fluxo da vida. É ali que se fazem as preces, se escutam os mais velhos, se honram os mortos. Por isso, os recém-nascidos são apresentados ao fogo, e os moribundos são colocados próximos a ele. O fogo é testemunha de tudo.

Com a modernidade e a urbanização, muitos desses locais sagrados foram ameaçados, esquecidos ou adulterados. Mas o renascimento do tengriismo trouxe um movimento contrário: o de redescobrir, restaurar e reconsagrar esses lugares. Peregrinações têm sido organizadas para antigos santuários. Grupos espirituais reconstroem ovoos destruídos. Estudiosos identificam montes mencionados em lendas e os devolvem ao povo. Há uma geografia espiritual sendo reerguida, pedra por pedra.

Mesmo quem vive longe das estepes pode criar um local sagrado. Um canto no quintal onde se planta algo com intenção. Uma pedra trazida de uma montanha que ressoa algo profundo. Um altar improvisado com símbolos que ligam ao Céu. O local sagrado é menos sobre onde está no mapa, e mais sobre o que se sente ali. É onde o coração silencia, onde a alma escuta, onde o tempo muda.

Os locais sagrados, portanto, não são somente heranças da paisagem ancestral – são territórios vivos que seguem pulsando na memória espiritual daqueles que ainda sabem escutar a terra. Ao serem visitados com reverência, esses lugares não apenas oferecem visões e bênçãos: eles recordam ao ser humano o seu papel dentro da ordem do mundo. Cada ovoo reerguido, cada nascente respeitada, cada pedra ofertada é um elo reatado na corrente sutil entre o visível e o invisível. A sacralidade não reside no espaço físico em si, mas no modo como o ser humano se coloca diante dele: com humildade, com escuta, com reciprocidade.

    Essa relação entre lugar e espírito transforma a experiência da geografia em algo profundamente ético. Estar num local sagrado é também ser observado por ele. O viajante, o peregrino ou mesmo o morador comum se torna parte do rito, parte da paisagem viva. Ao reconhecer que o monte, o rio ou a árvore também têm memória e presença, dissolve-se a lógica de posse e se firma a de convivência. No mundo tengriista, caminhar pela terra é caminhar entre consciências. E por isso, cada passo deve ser dado com respeito. O território não é inerte – é interlocutor.

    É essa escuta restaurada que permite que os locais sagrados continuem existindo, mesmo fora de sua terra natal. Uma varanda silenciosa pode se tornar ponto de reconexão. Uma pedra trazida com cuidado pode servir como âncora do espírito. Em tempos de dispersão e exílio interior, criar e reconhecer locais sagrados é um ato de cura. Um gesto de lembrança. Porque onde há intenção verdadeira, onde há silêncio atento e presença viva, ali também mora o sagrado. E, uma vez encontrado, esse lugar não se esquece mais – ele permanece, à espera, como um velho amigo que nunca deixou de chamar.

Capítulo 17
Sincretismo Budista

O céu azul que cobre a Mongólia viu mais do que nuvens passageiras e rebanhos em movimento. Viu a fusão silenciosa de mundos religiosos, viu o encontro de antigos xamãs com novos lamas, viu espíritos da estepe sentarem-se lado a lado com bodisatvas do Himalaia. Esse encontro não foi uma colisão, mas um entrelaçamento. O sincretismo entre o tengriismo e o budismo lamaísta não dissolveu uma fé na outra – criou uma tapeçaria espiritual onde fios xamânicos e budistas se entrecruzaram, cada um mantendo sua cor, mas compondo um tecido comum.

Quando o budismo chegou à Mongólia no século XVI, trazido pela influência tibetana e reforçado pela política de pacificação interna, ele encontrou um terreno fértil, mas já habitado por uma religião ancestral poderosa. Os mongóis não eram estranhos à ideia de um Céu Supremo, de espíritos invisíveis, de peregrinações sagradas. O tengriismo estava entranhado não só nas práticas rituais, mas na cosmovisão, nas histórias contadas ao redor do fogo, nas decisões dos khans. Portanto, o budismo não se impôs pela força, mas pelo diálogo, muitas vezes mediado por figuras híbridas –

xamãs que também eram monges, lamas que respeitavam os ovoo.

Esse processo deu origem ao chamado "xamanismo amarelo", uma prática religiosa que misturava preceitos budistas com ritos xamânicos tradicionais. A cor amarela, símbolo do budismo tibetano, tingiu muitos aspectos da vida espiritual mongol, mas sem apagar o azul celeste de Tengri. Muitas cerimônias passaram a incluir tanto a recitação de mantras quanto o uso do tambor xamânico. Espíritos da natureza continuaram sendo invocados, mas seus nomes às vezes se transformaram em epítetos budistas. As oferendas aos ancestrais persistiram, mas passaram a ser acompanhadas de incensos e imagens de deidades budistas.

Essa convivência foi facilitada por uma percepção mongol muito particular: para muitos praticantes, não havia conflito entre acreditar em Tengri e reverenciar Buda. Um era o Céu Eterno, princípio cósmico onipresente; o outro, um mestre iluminado que ensinava o caminho da libertação. O Céu não excluía o Buda. Pelo contrário, abria espaço para ele. Assim, a espiritualidade popular se moldou à ideia de que há múltiplos caminhos sob o mesmo céu – e que todos os seres iluminados, sejam eles xamãs ou budas, em última instância, servem à harmonia cósmica desejada por Tengri.

A figura de Gêngis Khan foi um dos pontos centrais desse sincretismo. Já venerado como ancestral e herói espiritual pelos tengriistas, ele passou a ser reinterpretado dentro da tradição budista como uma espécie de dharmapala – um protetor do dharma, força que, embora guerreira, estava alinhada à ordem cósmica. Há registros de templos onde Gêngis é representado ao lado de deidades budistas, recebendo oferendas como um espírito ancestral elevado. Nas narrativas populares, ele é visto como alguém que agiu com a bênção do Céu Eterno, mas também com a sabedoria de um bodisatva guerreiro.

Essa mescla ganhou forma não apenas nos rituais, mas também na arte sacra. Thangkas pintadas em estilo tibetano passaram a incluir elementos xamânicos – árvores do mundo, animais totêmicos, montes sagrados. Algumas representações de deidades budistas foram reinterpretadas de forma xamânica: Tara Verde, por exemplo, foi associada à deusa Umay; Padmasambhava, mestre tântrico, era visto como um "xamã iluminado" que dominava os espíritos. Essa reinterpretação não foi imposta por doutrinas, mas brotou da experiência vivida do povo, da necessidade de fazer sentido do novo sem abandonar o antigo.

No campo ritual, o sincretismo produziu fórmulas fascinantes. Um ovoo podia ser consagrado com preces budistas, mas receber oferendas xamânicas – leite, pedras, panos coloridos. Os lamas recitavam sutras em eventos que começavam com invocações aos ancestrais. Em algumas ocasiões, os próprios lamas consultavam xamãs para diagnósticos espirituais ou curas. Havia uma espécie de reconhecimento mútuo: o xamã media com os espíritos, o lama com os textos e os preceitos. Ambos lidavam com o invisível, cada um à sua maneira.

No interior da Mongólia, longe dos centros urbanos, muitas famílias mantiveram uma espiritualidade dual. Visitavam mosteiros budistas para receber bênçãos, mas ainda chamavam xamãs para ritos de cura ou proteção da casa. Durante gerações, o budismo e o tengriismo coexistiram nos altares domésticos: uma estátua de Buda ao lado de um tambor xamânico; um rosário de oração junto a um talismã feito de osso ou pedra. Não se via incoerência nisso – via-se continuidade.

Houve, naturalmente, tensões. Alguns lamas procuraram apagar as práticas xamânicas, tachando-as de superstição. Houve tentativas de "purificação" da fé, especialmente em períodos de maior institucionalização do budismo. Mas o tengriismo sobreviveu nas entrelinhas, nos gestos cotidianos, nas preces murmuradas em voz baixa. E em tempos de repressão política – como durante o regime comunista – foi o xamanismo, muitas vezes, que manteve viva a espiritualidade popular, escondido nas canções, nas lendas, nas práticas disfarçadas de tradição familiar.

Hoje, com o renascimento das tradições espirituais na Mongólia e em outras regiões da Ásia Central, esse sincretismo é visto com novos olhos. Para muitos jovens mongóis, praticar o tengriismo não significa rejeitar o budismo – significa recuperar uma parte esquecida de sua identidade. Em festivais modernos, é comum ver cerimônias que combinam elementos de ambas as tradições. Há até mesmo iniciativas interespirituais que buscam reviver o "xamanismo amarelo" com consciência contemporânea, unindo práticas ancestrais com valores modernos de respeito à diversidade espiritual.

No campo acadêmico, estudiosos como Baatarjav, Nyam-Osor e outros vêm pesquisando a interface entre tengriismo e budismo, mostrando como o sincretismo moldou não apenas rituais, mas cosmovisões, formas de governo e ética cotidiana. Descobriu-se que muitos ensinamentos morais tradicionais – como o respeito aos anciãos, a compaixão pelos animais, a busca por equilíbrio – são sustentados por esse encontro religioso e não pela imposição de uma única doutrina.

Esse sincretismo é, portanto, mais do que uma fusão religiosa. É uma resposta adaptativa, uma forma de sobrevivência cultural. É a prova de que uma tradição viva não se quebra diante do novo – ela se dobra, se molda, incorpora, transforma. O tengriismo, com sua flexibilidade espiritual, permitiu que o budismo florescesse sem aniquilar as raízes ancestrais. E o budismo, com sua profundidade filosófica, ofereceu ao tengriismo uma nova linguagem para se expressar.

A sobrevivência simbiótica entre tengriismo e budismo na Mongólia também revela uma verdade mais ampla sobre a espiritualidade humana: a fé não é uma entidade fixa, mas um organismo vivo que respira ao ritmo das transformações culturais. No cenário mongol, essa espiritualidade moldável gerou não apenas práticas religiosas, mas também modos de estar no mundo. As crianças que cresciam ouvindo histórias sobre espíritos ancestrais também aprendiam sobre os méritos da compaixão budista. Os rituais de cura não se limitavam ao corpo, mas alcançavam a alma, por meio de símbolos que cruzavam as fronteiras entre céu e ensinamento, entre tambor e sutra, entre fumaça e iluminação.

Além disso, o sincretismo mongol rompeu com a visão binária do sagrado como algo exclusivo ou hierarquizado. Em vez de criar uma nova ortodoxia, permitiu uma convivência múltipla, onde a força do tambor xamânico ecoava sem contradizer o silêncio meditativo dos mosteiros. Isso gerou uma religiosidade que não se fechava em dogmas, mas se abria em camadas, adaptando-se às estações da vida e às exigências do espírito. Mesmo aqueles que se aproximavam mais do budismo filosófico carregavam, muitas vezes inconscientemente, os gestos arcaicos do tengriismo – como a reverência às montanhas, os rituais com leite, o respeito pelo ciclo da natureza. Cada gesto era uma ponte entre mundos.

O que permanece, mais do que qualquer doutrina, é a capacidade do povo mongol de preservar sentido nas dobras da história. Entre os ventos da estepe e o silêncio dos mosteiros, entre o fogo do tambor e o brilho das rodas de oração, criou-se uma espiritualidade tecida de continuidade e transformação. Esse é o legado invisível do sincretismo: não a fusão que apaga as margens, mas o entrelaçamento que as respeita. Um fio antigo que segue pulsando sob novas formas, lembrando que a alma de um povo, assim como o céu azul de sua terra, é vasta o suficiente para acolher muitas luzes.

Capítulo 18
Resistência Ancestral

As nuvens passageiras da estepe carregam mais do que vento e poeira: trazem em si memórias ancestrais, ecos de rezas sussurradas contra o esquecimento. O tengriismo, perseguido, encoberto por véus de outras religiões e apagado de livros oficiais, não desapareceu. Escondeu-se. Abandonou os centros e se recolheu aos vales profundos da alma nômade. Atravessou séculos em silêncio, velado pelas canções que os xamãs ensinavam aos netos antes de morrer, preservado nos gestos simples como jogar leite ao céu ou acender o fogo do lar com reverência. Essa foi a resistência dos que se recusaram a esquecer quem eram, mesmo que não pudessem mais dizer seu nome em voz alta.

No norte da Mongólia, onde os ventos assobiam entre as colinas e o gado caminha livre sob o azul profundo, surgiu o que os estudiosos chamam de "xamanismo negro". Diferente do "xamanismo amarelo", permeado pela influência budista, o negro guardava o que era anterior, o que era puro. Seus praticantes, geralmente caçadores, pastores e famílias distantes das cidades, mantinham vivos os antigos ritos em segredo. Era um saber passado de boca em boca, sem documentos, sem monges, sem templos. O conhecimento estava nos ossos, nos sonhos, nos cantos da madrugada. E assim, durante séculos, esses grupos sustentaram a espiritualidade da estepe contra as marés civilizatórias que tentavam afogá-la.

Mas a Mongólia não foi o único palco dessa resistência. Na Sibéria, a brutalidade do império czarista e, depois, o terror sistemático da era soviética fizeram do tengriismo uma prática clandestina. Povos como os yakutos, os buryats, os tuvinos e outros esconderam sua fé sob símbolos cristãos, adotando santos que secretamente correspondiam a antigos deuses ou espíritos. Quando os missionários perguntavam quem era aquele espírito que protegiam, respondiam com um nome aceitável à Igreja Ortodoxa. Mas nos corações, sabiam que se tratava de Ayı, ou do espírito da floresta, ou da alma do avô que vira urso depois de morto. Essa camuflagem espiritual não apagou o culto – apenas o vestiu com novas roupas.

Durante os anos mais sombrios do regime soviético, na década de 1930, o tengriismo foi duramente perseguido. Xamãs eram capturados, torturados, levados a campos de trabalho. Seus tambores, considerados instrumentos de superstição e subversão, eram queimados em praças públicas. Os que sobreviveram aprenderam a calar. Mas nem todos calaram completamente. Em cabanas de madeira, nas margens de rios congelados, ainda se dançava ao redor do fogo, ainda se contava a história da Árvore do Mundo, ainda se ensinava aos meninos que o céu não é apenas céu, mas um pai invisível que tudo vê.

A repressão comunista foi violenta, mas não onipotente. Mulheres velhas guardaram as preces em canções de ninar. Homens jovens ouviam os sussurros das estrelas ao cavalgarem sozinhos pelas planícies. Mesmo quando não havia mais como realizar os rituais abertamente, o espírito de resistência permanecia na linguagem, nos símbolos, nos contos que nunca deixaram de ser contados. Essa é a natureza do tengriismo: ele se entranha, não precisa de altares nem doutrinas. Está nos ossos da terra e no fôlego do povo.

No sul do império, entre os cazaques e quirguizes, o islamismo se expandiu, trazendo com ele o livro, a mesquita, a lei. Mas não levou embora os antigos rituais. Eles apenas se transformaram. O sacrifício de animais permaneceu, mas ganhou o nome de oferenda islâmica. Os santuários tribais continuaram sendo visitados, agora sob o nome de "mazar". A linhagem dos antepassados era venerada não mais como parte do tengriismo, mas como uma tradição cultural respeitável. A ponte foi o sufismo – um islamismo místico, aberto ao êxtase, à visão direta, à reverência poética ao divino. Ali, Tengri e Allah puderam coexistir por um tempo. Homens como Ahmad Yasawi trouxeram essa fusão à luz, usando termos nômades e imagens da estepe para falar de Deus. Os filhos do céu azul passaram a pronunciar o nome do Profeta, mas ainda erguiam os olhos para a mesma vastidão silenciosa onde sempre haviam buscado orientação.

Na épica dos quirguizes, chamada "Manas", nota-se o entrelaçamento. Fala-se de Alá, é verdade. Mas os heróis ainda conversam com os espíritos, ainda recebem visões, ainda vivem segundo os presságios dos animais e dos sonhos. A presença de Tengri não é apagada – apenas renomeada. Nas entrelinhas, o velho céu permanece. Isso mostra que a resistência não foi sempre combativa, às vezes foi estratégica. O tengriismo soube sobreviver como água subterrânea, desviando-se dos obstáculos, infiltrando-se sob os alicerces das religiões dominantes, aguardando o momento de ressurgir.

E esse momento chegou. No fim do século XX, após o colapso da URSS, o que estava escondido começou a emergir com força inesperada. Os sobreviventes – descendentes dos xamãs assassinados, netos dos velhos que ainda jogavam leite ao céu em segredo – começaram a se organizar. Reuniram-se em praças, fundaram centros espirituais, reconstruíram ovoos destruídos. A vergonha deu lugar ao orgulho. Aquilo que por décadas foi motivo de perseguição virou bandeira identitária. Em Ulan Bator, na capital da Mongólia, xamãs passaram a atender pessoas publicamente. Em Tuva, os cantos guturais voltaram a ecoar nos festivais. Na Iacútia, os rituais do solstício ganharam status de celebrações culturais oficiais.

Mas não foi uma volta simples. A longa repressão deixou marcas profundas. Muitos rituais foram parcialmente esquecidos, e houve necessidade de reconstrução baseada em fragmentos, lendas, observações antropológicas. A autenticidade foi colocada em questão: o que é tradição e o que é reconstrução? Para alguns, isso pouco importa. O importante é que o espírito ancestral esteja vivo, mesmo que com novas formas. Para outros, é necessário distinguir o que é antigo do que é invenção moderna. Em meio a esse debate, o tengriismo contemporâneo se forma – híbrido, mutante, mas ainda portador de uma chama antiga que se recusou a apagar.

    Essa chama não arde apenas nas estepes. Hoje, ela acende corações em centros urbanos, entre jovens que nunca conheceram o nomadismo, mas sentem em seu íntimo um chamado que não vem dos livros nem das igrejas. Um chamado que vem do céu aberto, da lembrança difusa de que um dia seus ancestrais cavalgavam livres sob estrelas imensas, respondendo apenas ao Céu Eterno. É esse sentimento – de liberdade, de pertencimento cósmico, de dignidade espiritual – que os move a retomar rituais, a cantar antigos nomes, a perguntar às avós o que nunca foi dito.

    Essa resistência ancestral, portanto, não é apenas uma reação ao passado opressor. É também uma proposta para o futuro. Ela mostra que há formas de viver que não se dobram ao tempo. Que a fé não precisa de templos nem dogmas – basta de um tambor, de uma pedra empilhada com respeito, de um sopro lançado ao vento com sinceridade. O tengriismo sobreviveu porque sua essência está no invisível, no não dito, no transmitido por gestos e silêncios. Sobreviveu porque está no sangue daqueles que nunca deixaram de ouvir o céu.

    Nos últimos anos, essa redescoberta espiritual tem se manifestado não só como retorno ao sagrado, mas também como crítica velada à homogeneização cultural imposta pela modernidade. Em uma era de consumo veloz e espiritualidade enlatada, o ressurgimento do tengriismo oferece uma alternativa radicalmente enraizada: viver em sintonia com os ciclos da terra, honrar os mortos com silêncio e fogo, aceitar que o invisível também é parte do real. Para muitos jovens, reencontrar o espírito de Tengri é também recusar a lógica das grandes religiões centralizadas, e apostar em uma espiritualidade vivida no corpo, na paisagem, na memória coletiva de um povo que nunca se ajoelhou completamente.

Essa espiritualidade reconstruída — por vezes fragmentada, por vezes reinventada — não busca apenas restaurar o passado, mas criar novas formas de pertencimento. Entre os povos das estepes e montanhas, emergem redes de conexão espiritual que misturam tradições orais com tecnologias modernas, chamamentos ancestrais com linguagens atuais. A resistência, agora, também é feita por meio de documentários, festivais interculturais, arte contemporânea e músicas que ressoam tambores antigos em palcos urbanos. Esse movimento não é uma tentativa de retorno ao que foi, mas de continuação. Uma continuidade reinventada, sem medo da contradição, mas fiel à pulsação antiga que ainda ecoa nos ventos do norte.

E talvez seja essa a maior vitória dos que resistiram em silêncio: ver seu legado florescer, não como peça de museu, mas como força viva. O tengriismo não precisou vencer guerras nem escrever escrituras sagradas. Bastou permanecer — em segredo, nos gestos, nas cinzas do lar. E agora, com olhos voltados para o céu, uma nova geração escuta de novo o chamado do invisível, não como nostalgia, mas como direção. Porque onde houver respeito à terra, escuta aos ancestrais e reverência ao céu, ali o espírito de Tengri jamais terá morrido.

Capítulo 19
Tengri e Islã

Entre os céus abertos das estepes e os minaretes das mesquitas que se erguem no horizonte, houve um tempo em que dois mundos espirituais se encontraram. De um lado, o antigo tengriismo – culto ao Céu Eterno, aos espíritos da natureza, aos ancestrais. De outro, o Islã – com seu Deus único, revelações escritas e rituais definidos. Essa convergência não aconteceu por imposição abrupta nem por conversão forçada em massa, mas por um processo sutil e contínuo de sincretismo, onde os conceitos do céu azul e do Deus invisível começaram a se espelhar um no outro.

O coração espiritual dos povos túrquicos, por séculos, esteve firmado na ideia de Tengri. O Céu, com sua vastidão silenciosa e sua justiça invisível, era mais do que uma divindade – era o princípio ordenador do cosmos, o pai que via tudo. Quando os primeiros missionários muçulmanos chegaram às regiões das estepes entre os séculos VIII e X, encontraram tribos que já acreditavam em um único Deus celestial, embora com práticas politeístas associadas aos espíritos da terra e aos ancestrais. Isso facilitou um diálogo religioso que, ao invés de destruir as antigas crenças, passou a assimilá-las sob novos nomes.

Os sufis, em especial, foram fundamentais nesse encontro. Homens como Ahmad Yasawi, poeta, místico e pregador do século XII, falaram de Alá com a linguagem dos nômades. Em seus versos, Alá é ao mesmo tempo o Criador e o Céu, fonte de luz e destino. Yasawi usava imagens das montanhas, dos rios, das águias – símbolos profundamente tengriistas – para explicar a unicidade de Deus. Essa adaptação não era um artifício: era a expressão natural de um homem que reconhecia em seu próprio coração tanto a sabedoria do Islã quanto a reverência ancestral ao céu e à terra.

Não por acaso, muitos termos islâmicos foram moldados à semelhança das palavras nativas. Em vez de "Allah", os turcos passaram a usar "Tanrı" – uma tradução direta de Tengri, que até hoje ressoa nas línguas do Cazaquistão, Turquemenistão e Turquia. Expressões como "Tanrı Türkü Korusun" ("Que Deus proteja os turcos") são comuns em contextos nacionalistas, mas carregam também o eco de um passado espiritual mais antigo. Nas orações do dia a dia, mesmo muçulmanos praticantes podem se referir a Deus com nomes de raízes tengriistas, mantendo assim uma ponte invisível entre o Islã e sua herança pré-islâmica.

Durante a Idade Média, cronistas e viajantes muçulmanos notaram com perplexidade e, às vezes, reprovação, como os povos turcos combinavam devoção islâmica com costumes ancestrais. Mahmud al-Kashgari, por exemplo, escreveu que os turcos se curvavam diante de montanhas, árvores e outros elementos naturais – práticas que ele considerava heréticas, mas que mostravam a persistência do animismo tengriista mesmo entre os convertidos. Para os túrquicos, não havia necessariamente contradição: o Céu, a Montanha, o Vento – todos eram expressões do mesmo Deus, apenas manifestado de formas distintas.

Nos séculos que se seguiram, o Islã se estabeleceu como religião dominante entre os povos túrquicos da Ásia Central, mas jamais apagou completamente o culto ao Céu Eterno. Tribos cazaques, quirguizes, karakalpaks e outras mantiveram seus ovoos, os montes de pedras sagrados onde faziam oferendas, mesmo após a construção de mesquitas. Os ritos de sacrifício animal, comuns na estepe, continuaram a ser realizados em nome de Alá, mas os locais e as formas do ritual ainda remetiam ao passado tengriista.

Em festas como o Nauryz – o Ano Novo da estepe, celebrado no equinócio da primavera –, é comum encontrar elementos que não derivam do Alcorão, mas de antigos cultos solares e da fertilidade. Durante esses dias, famílias inteiras visitam locais sagrados, lavam-se em rios, fazem oferendas à terra e aos ancestrais, pedem bênçãos ao céu. Muitos consideram essas ações apenas parte da "cultura nacional", mas sua raiz é claramente espiritual, nascida dos tempos em que o céu era o único templo.

A linguagem do Islã, com suas referências ao céu como morada de Deus, facilitou a fusão simbólica. Assim como o Alcorão fala do Trono de Deus acima das sete camadas celestes, o tengriismo descreve sete céus onde residem os espíritos elevados. Assim como o Islã valoriza o jejum, a oração e a purificação, o tengriismo ensina a moderação, a reverência e a limpeza ritual –

não como mandamentos, mas como formas de alinhar o ser humano com o cosmos. A correspondência entre práticas e valores permitiu uma convivência mais fluida do que se vê em outras religiões rivais.

Ainda assim, houve tensões. Com o avanço das escolas islâmicas ortodoxas e das autoridades religiosas organizadas, especialmente a partir do século XVI, muitos elementos tengriistas passaram a ser vistos como superstição ou heresia. Os ulemás condenaram a consulta a xamãs, a veneração de ovoos, a crença em múltiplas almas e a prática de adivinhação – pilares centrais do tengriismo. Apesar disso, a fé popular continuou a praticar tais costumes, ainda que discretamente, longe dos olhos dos clérigos.

Em tempos modernos, o ressurgimento do tengriismo provocou reações diversas entre os muçulmanos. Em alguns países, como o Cazaquistão e o Quirguistão, há uma coexistência relativamente pacífica. É comum que uma mesma pessoa participe de uma cerimônia tengriista num fim de semana e vá à mesquita na sexta-feira. Para muitos, não se trata de duas religiões opostas, mas de duas linguagens espirituais complementares: uma fala ao céu de dentro para fora, outra de fora para dentro. Uma é coletiva, pública e escrita; a outra é íntima, silenciosa e baseada na experiência.

No plano político, líderes nacionalistas usaram o tengriismo como símbolo identitário, contrapondo-o ao Islã como uma religião estrangeira, trazida do Oriente Médio. Figuras como Ziya Gökalp, na Turquia, e outros ideólogos panturquistas tentaram ressuscitar a antiga fé como uma marca de pureza cultural, num esforço para fortalecer o orgulho étnico e a unidade dos povos túrquicos. Essa instrumentalização gerou tensões com movimentos islâmicos mais conservadores, que viam o tengriismo como paganismo disfarçado.

    Mas entre o povo comum, a realidade é mais complexa e serena. O velho céu azul ainda é saudado em canções populares. As mães ainda ensinam às crianças que devem respeitar a natureza, pois "Tengri vê tudo". Os pastores ainda fazem oferendas de leite ao solo antes de partir para as pastagens. E, ao mesmo tempo, recitam as suratas do Alcorão e pedem a bênção de Allah. Essa convivência sincrética é o verdadeiro legado da fusão entre o tengriismo e o Islã – não uma fusão completa, mas um diálogo contínuo, um reflexo do modo túrquico de ver o mundo como um todo, não como uma dualidade irreconciliável.

    Ao olhar para essa longa convivência entre Tengri e Alá, percebe-se que o essencial nunca foi a uniformidade das crenças, mas a capacidade de um povo de integrar visões sem trair suas raízes. O túrquico espiritual não vive a tensão de um dilema teológico – vive a fluidez de uma cosmovisão que aceita que o sagrado pode falar várias línguas. Entre a prostração diante do mihrab e o gesto de lançar leite ao chão, não há conflito, há continuidade. O Céu Eterno e o Deus único se tornam faces de uma mesma busca: encontrar no invisível a ordem que rege a vida, honrar o que veio antes e o que ainda está por vir.

    Essa harmonia possível desafia os moldes rígidos das doutrinas que tentam controlar a fé como quem cerca o vento. O povo da estepe sabe que o céu não pode ser dividido em parcelas. Por isso, a espiritualidade túrquica resiste às simplificações e permanece vasta como o horizonte. Mesmo nas sociedades urbanas contemporâneas, esse modo de crer se reflete na maneira como o tempo é marcado, como a terra é tratada, como os mortos são lembrados. É uma religião das margens, que não se encaixa em templos nem em ortodoxias, mas que vive – inteira – nos gestos cotidianos e nas pausas silenciosas em meio à natureza.

Porque, ao fim, o que permanece não é a disputa entre crenças, mas o eco de um povo que nunca deixou de ouvir o céu. As palavras podem mudar, os ritos podem se adaptar, mas o impulso de levantar os olhos em busca de sentido continua o mesmo. O Islã pode ter dado nome novo à fé, mas foi o espírito de Tengri que ensinou o povo a ouvir o silêncio entre as palavras. E é nesse espaço – entre o Alcorão e o vento da estepe, entre a mesquita e o ovoo – que ainda pulsa a alma de um povo que nunca viu contradição em venerar tanto o céu quanto o Deus que dele fala.

Capítulo 20
Tengri e Cristianismo

Quando os ventos das estepes encontraram as cruzes do Ocidente, um novo capítulo começou a se escrever na interação entre o tengriismo e as grandes religiões mundiais. Entre as areias do deserto da Ásia Central e os sinos das igrejas da Europa, os caminhos do Céu Eterno e do Deus cristão se entrelaçaram de forma surpreendente. O Império Mongol, com sua vastidão e diversidade, tornou-se o palco dessa aproximação improvável. Mais do que um encontro de crenças, tratou-se de um exercício de interpretação mútua, onde as categorias de fé, poder e identidade se reorganizaram sob a égide de Tengri.

Nos séculos XIII e XIV, enquanto as legiões mongóis se expandiam da Manchúria à Hungria, seus líderes demonstraram uma flexibilidade religiosa sem precedentes. Essa tolerância não era apenas pragmática, mas refletia uma visão cosmogônica inclusiva. Para um mongol tradicional, todas as religiões falavam de diferentes aspectos do mesmo Céu supremo. Os nomes mudavam, os rituais variavam, mas o princípio eterno – o Céu Azul, onisciente e justo – era universal. Essa convicção permitiu que figuras como Gêngis Khan, Kublai Khan e Hulagu Khan dialogassem com cristãos, muçulmanos e budistas sem abdicar da autoridade conferida por Tengri.

As relações diplomáticas com reinos cristãos, especialmente com a França, os Estados cruzados e o Império Bizantino, revelam muito sobre essa interface religiosa. Em cartas enviadas por Hulagu Khan ao rei Luís IX e outros monarcas cristãos, o Céu Eterno é mencionado repetidamente como a fonte do poder mongol. O próprio Gêngis Khan era descrito como o escolhido de Tengri, o "senhor das nações" instituído por vontade divina. Nessas missivas, o Deus cristão não é negado – é incorporado. Jesus Cristo é chamado de "Misica Tengrin", ou seja, o Messias de Tengri, uma encarnação do Céu vivo.

Essa apropriação simbólica não visava sincretismo no sentido moderno, mas refletia a lógica espiritual mongol. Para eles, Cristo era um espírito sagrado enviado pelo mesmo Céu que guiava os xamãs das estepes. Assim como o buda ou o profeta muçulmano, ele era reconhecido como portador de uma centelha do Eterno. Essa visão permitiu que o cristianismo não fosse visto como heresia, mas como uma das muitas manifestações legítimas da vontade celeste. A fé não era uma competição de doutrinas, mas uma rede de caminhos que levavam ao mesmo firmamento absoluto.

Diversas tribos túrquicas e mongóis adotaram formas do cristianismo, principalmente a vertente nestoriana, que havia se espalhado pelo Oriente desde os primeiros séculos da era comum. Entre os keraitas, os naimanos e outros clãs, os missionários cristãos encontraram terreno fértil. Mas o cristianismo ali não se desenvolveu como no Ocidente. Era tingido pelas cores locais: os símbolos cristãos eram combinados com imagens celestes, os ritos mesclados com sacrifícios tradicionais, e os santos reverenciados como ancestrais glorificados. A cruz, em muitos casos, aparecia ao lado de amuletos de lobo ou da Árvore do Mundo.

A figura de Doquz Khatun, esposa de Hulagu Khan e cristã devota, é emblemática. Ela patrocinou igrejas, protegeu clérigos e influenciou decisões políticas importantes no Ilkhanato persa. No entanto, mesmo ela – como todos os nobres mongóis – reconhecia a supremacia do Céu Eterno. A lealdade espiritual ao tengriismo não excluía a prática de outra fé. O Deus da Bíblia podia ser venerado, desde que não contradissesse o primado de Tengri, o princípio que sustentava a legitimidade do poder imperial e a ordem cósmica.

Essa visão permitiu uma fusão simbólica: o Deus cristão foi traduzido como "Tengri", e Cristo visto como um dos enviados desse Céu. A terminologia mongol não fazia distinção rígida entre deidade suprema e céu físico – ambos eram expressão do mistério. Essa plasticidade semântica facilitou a incorporação do cristianismo ao ethos nômade. Em vez de templos monumentais, havia santuários ao ar livre; em vez de liturgias formais, cânticos em honra ao Céu e aos antepassados; e em lugar de uma teologia sistematizada, uma espiritualidade experiencial.

Os mongóis nunca viram o cristianismo como ameaça. Diferentemente do Islã, que por vezes tentou impor-se nas regiões dominadas, o cristianismo nestoriano adaptava-se facilmente às culturas locais. Missionários aprendiam as línguas nativas, respeitavam os costumes e não exigiam exclusividade de culto. Isso permitiu uma convivência pacífica entre as crenças. Houve mongóis batizados que ainda faziam oferendas a ovoos, consultavam xamãs e celebravam rituais ancestrais. Na mentalidade das estepes, tudo era parte do mesmo pano espiritual: o céu, a cruz, a águia e o tambor xamânico.

No plano simbólico, o cristianismo forneceu imagens e narrativas que enriqueceram o imaginário mongol. A história da crucificação de Jesus, por exemplo, foi reinterpretada à luz do sacrifício ritual: o Messias que sofre pela humanidade lembrava o cavalo branco entregue ao Céu em tempos de crise. Os anjos das Escrituras apareciam como seres celestes alados, semelhantes às entidades espirituais que os xamãs diziam encontrar nas viagens visionárias. O Espírito Santo, como vento divino, era associado às manifestações de Tengri nas tempestades e nas brisas que falavam ao coração dos nômades.

Nas regiões mais ocidentais do Império Mongol, como a Crimeia e o Cáucaso, algumas comunidades mongóis e turcas foram absorvidas pela fé ortodoxa. No entanto, mesmo quando as igrejas substituíram os campos de sacrifício, o céu continuava a ser saudado. O culto ao sol, à lua e às estrelas persistiu discretamente, camuflado nos calendários litúrgicos e nos hábitos populares. Durante séculos, famílias batiam palmas ao céu nas manhãs geladas de inverno, murmurando preces que não estavam nos salmos, mas nos ventos milenares da alma estepe.

A cristianização dos povos tengriistas não foi uma conversão total, mas uma superposição simbólica. Tengri jamais foi banido – apenas adquiriu novos nomes. Em muitas regiões, ele sobreviveu como a camada profunda da consciência espiritual coletiva, mesmo quando cruzes foram erguidas e sinos começaram a soar. Em tempos de crise, ainda se consultavam os antigos, acendiam-se fogueiras sagradas e buscava-se, acima de tudo, a aprovação do Céu Azul.

Hoje, em países como o Cazaquistão, Quirguistão e partes da Mongólia, comunidades cristãs vivem lado a lado com praticantes do tengriismo revitalizado. Os símbolos se cruzam: há cruzes penduradas ao lado de fitas azuis em árvores sagradas; há igrejas construídas próximas a ovoos; há cristãos que ainda chamam Deus de Tengri, sem hesitação. Isso não é heresia – é memória. Uma memória que não se apagou, mas se transformou, resistindo à passagem dos séculos como o céu que permanece, mesmo quando as nuvens mudam de forma.

Esse entrelaçamento entre Tengri e o Deus cristão não produziu uma síntese doutrinária, mas sim uma espécie de eco espiritual – um reconhecimento mútuo entre dois modos distintos de acessar o sagrado. No fundo, ambos apontavam para uma origem comum: o desejo de entender o que existe acima e além, aquilo que ordena o mundo e confere sentido à existência. Os nômades da estepe viam no cristianismo não uma ameaça à sua fé ancestral, mas uma extensão possível dela, uma nova história que podia ser acolhida sem renunciar ao Céu Azul. O Cristo que sangra pela humanidade e o tambor que pulsa sob o céu eram, ambos, respostas distintas a uma mesma pergunta milenar.

Essa abertura espiritual, tão própria das culturas estepeanas, também lançou um desafio aos modelos de fé exclusivos e centralizados. Ao contrário da rigidez institucional que marcava certas expressões cristãs, o tengriismo ensinava que o divino podia ser múltiplo em sua aparência, embora uno em sua essência. Por isso, mesmo quando cruzes eram fincadas em terras de pastoreio, elas não anulavam os ovoos – apenas se somavam à paisagem espiritual. A estepe tornou-se um espaço de ressonância cruzada: onde o nome de Cristo ecoava entre tambores, e o sopro de Tengri ainda fazia vibrar as folhas das árvores sagradas.

O que ficou, além das ruínas de igrejas e dos ossos dos xamãs antigos, foi esse fio invisível que conecta céu e cruz, espírito ancestral e fé estrangeira. Uma herança silenciosa, feita mais de gestos do que de dogmas, mais de reverência do que de imposição. No olhar dos que ainda erguem a cabeça para saudar o céu ao amanhecer, não há contradição – há lembrança. Porque, independentemente do nome dado ao divino, o que move o coração humano é sempre a mesma coisa: a busca por sentido diante do infinito. E nesse infinito, Tengri ainda habita, não como passado esquecido, mas como presença viva sob todas as formas de fé.

Capítulo 21
Modernidade Secular

A alvorada do século XX ergueu um novo firmamento sobre os povos das estepes. Contudo, dessa vez não era Tengri quem regia as leis do céu, mas uma ideologia que prometia progresso, igualdade e ciência como únicas divindades legítimas. A modernidade secular – especialmente sob a forma do comunismo soviético e dos regimes autoritários asiáticos – fez do passado espiritual uma ameaça à ordem, uma superstição a ser erradicada, uma sombra que impedia a chegada da "luz racional". Contra essa nova ortodoxia, o tengriismo não travou uma guerra frontal. Ele recuou. Silenciou. Escondeu-se nas dobras da memória popular, aguardando.

Na República Popular da Mongólia, instituída em 1924 com apoio direto de Moscou, iniciou-se uma política sistemática de eliminação das tradições espirituais. Embora o alvo principal tenha sido o budismo lamaísta – com a destruição de centenas de mosteiros e o extermínio de monges –, o xamanismo e o tengriismo também foram visados. Xamãs considerados "charlatães" ou "elementos reacionários" eram presos, internados em hospitais psiquiátricos ou sumariamente executados. Os rituais sagrados passaram a ser vistos como "resquícios feudais" e os símbolos tradicionais como inimigos do progresso socialista.

Na URSS, o cenário era ainda mais severo. Povos como os yakutos, buryats, tuvanos e khakassianos – todos herdeiros de formas regionais do tengriismo – foram alvo de campanhas agressivas de assimilação cultural. As escolas ensinavam ateísmo científico, os tambores xamânicos foram confiscados e queimados, e festivais ancestrais foram substituídos por celebrações laicas e despolitizadas. A russificação dos nomes, a imposição do alfabeto cirílico e a centralização da vida comunitária em torno de instituições estatais diluíram ainda mais a identidade espiritual tradicional. Famílias inteiras passaram a ocultar seus ritos, realizando oferendas em segredo, enterrando objetos sagrados no solo e fingindo conformidade para sobreviver.

O comunismo não foi o único vetor da modernidade secular. A ascensão de Estados nacionais em territórios anteriormente nômades trouxe consigo ideologias desenvolvimentistas que viam as práticas espirituais indígenas como obstáculos ao progresso. No Cazaquistão e no Quirguistão, por exemplo, a sedentarização forçada dos nômades, aliada à escolarização no modelo soviético, produziu uma ruptura intergeracional. Os jovens criados nas cidades aprendiam sobre Marx, Lênin e Gagarin, mas não sabiam mais os nomes dos espíritos das montanhas que seus avós ainda temiam.

Essa transição foi profunda e, em muitos sentidos, irreversível. A cosmovisão linear e técnica do mundo moderno – baseada na exploração de recursos, na racionalidade instrumental e na supremacia da ciência – não deixava espaço para um universo animado por espíritos. A própria noção de "sagrado" foi ridicularizada ou reduzida à esfera privada e folclórica. Os rituais, quando tolerados, eram transformados em atrações turísticas ou eventos culturais desprovidos de significado religioso. O tambor virou adereço. O ovoo tornou-se cenário para fotos. O céu, antes fonte de autoridade espiritual, tornou-se apenas atmosfera.

A urbanização acelerada desempenhou papel crucial nesse processo. Nas metrópoles em expansão, os filhos dos pastores transformaram-se em funcionários públicos, engenheiros, professores e comerciantes. As yurtas deram lugar a blocos de concreto, e o fogo sagrado do lar foi substituído pelo gás encanado. A natureza, que no tengriismo era templo vivo, virou paisagem distante – vista pela janela de um ônibus, comentada em documentários, mas raramente experienciada como fonte de conexão mística. O nomadismo espiritual perdeu terreno para o sedentarismo do consumo.

Essa secularização forçada gerou uma espécie de exílio espiritual interno. Muitas pessoas, embora tenham assimilado os valores modernos, carregavam um sentimento vago de perda, de deslocamento. O céu continuava ali, azul e imenso, mas não falava mais. A terra seguia fértil, mas sua voz não era mais ouvida. Os sonhos deixaram de ser mensagens dos ancestrais e passaram a ser interpretados por psicólogos. O sentido coletivo do mundo – sustentado por gerações de ritos e mitos – foi fragmentado por uma modernidade que ensinava que cada um deveria encontrar seu próprio caminho, desconectado da linhagem e da paisagem.

Nos anos finais da URSS, essa ausência começou a pesar. Na década de 1980, com a crise econômica e a desilusão generalizada com o comunismo, surgiram os primeiros sinais de um desejo de reconexão. Mesmo entre os mais secularizados, havia uma nostalgia difusa por algo "autêntico", "nosso", "ancestral". Canções antigas voltaram a ser cantadas em festas familiares. Avós passaram a contar mitos esquecidos para seus netos. Nas zonas rurais, rituais domésticos – como derramar leite ao chão ou saudar o sol nascente – persistiam discretamente, quase como gestos automáticos, mas carregados de significados profundos.

Esse resíduo espiritual não foi apagado. Ele permaneceu como brasa sob a cinza, pronto para reacender quando o vento da liberdade soprasse novamente. Com o colapso da União Soviética em 1991, esse vento finalmente veio. E com ele, uma busca urgente por identidade, sentido e raízes. Mas antes disso, por mais de setenta anos, o tengriismo sobreviveu em silêncio. Sua linguagem tornou-se subterrânea. Seus sinais foram codificados no folclore, no gestual, nas expressões populares. Era uma espiritualidade invisível, mas não extinta – como o próprio céu, que continua acima das nuvens, mesmo quando não o vemos.

A modernidade secular não apagou apenas crenças, mas redesenhou os mapas internos de pertença e significado. Nas cidades moldadas por concreto e ideologia, os laços que antes uniam o humano ao cosmo foram substituídos por promessas de progresso mensurável. No entanto, esse novo mundo, embora eficiente, carecia de enraizamento. O tengriismo, com sua reverência ao invisível e seu ritmo ancestral, passou a habitar o espaço do inconsciente coletivo, como um eco surdo que teimava em ressoar nos momentos de silêncio. A ausência de rito e mito produziu um vazio que nem os manuais científicos nem os slogans políticos conseguiram preencher por completo.

O exílio espiritual imposto pela modernidade produziu não apenas uma ruptura cultural, mas um abalo existencial. Não era apenas a perda de uma crença, mas de um modo de estar no mundo, de interpretar os sinais da natureza e os próprios sentimentos. Mesmo aqueles que não reconheciam conscientemente esse luto carregavam a inquietação de uma memória sem nome, uma saudade que não podia ser explicada com os termos do presente. Assim, o tengriismo, longe de ser apenas uma tradição religiosa, passou a representar uma forma de resistência subterrânea — uma teia de significados que, embora esgarçada, continuava presente nas dobras do tempo cotidiano.

Com o fim do regime que buscou silenciar os deuses das estepes, essa teia pôde, enfim, começar a ser reconstituída. O céu nunca deixou de estar lá, e quando os olhos voltaram a se erguer para ele, encontraram algo familiar. Não se tratava de uma restauração total, mas de um recomeço. O que havia sido escondido por medo passou a ser redescoberto com desejo. O futuro, então, começou a ser sonhado não como negação do passado, mas como reconexão com aquilo que sobreviveu mesmo sob as cinzas da história.

Capítulo 22
Revivalismo Atual

Quando os grilhões da repressão ideológica finalmente se quebraram com o colapso da União Soviética, uma antiga canção começou a ecoar novamente nas montanhas e planícies da Ásia Central. Não era apenas um resgate folclórico. Era o renascimento de uma voz espiritual ancestral que havia sido silenciada, mas jamais esquecida. O tengriismo, que por décadas se manteve adormecido nas sombras da memória coletiva, emergiu das cinzas como um facho de identidade redescoberta. Em vez de desaparecer sob o peso da modernidade, ele ressurgiu com nova força, agora abraçado por intelectuais, artistas, comunidades rurais e jovens urbanos em busca de pertencimento.

Nos anos 1990 e início dos 2000, as repúblicas recém-independentes da Ásia Central passaram por um intenso processo de reconstrução nacional. Em meio à necessidade urgente de criar símbolos próprios – distintos tanto da herança soviética quanto das influências religiosas externas –, muitos líderes e movimentos culturais voltaram-se ao passado nômade em busca de fundamentos autênticos. Foi nesse contexto que o tengriismo encontrou solo fértil para florescer. Já não era visto como uma superstição arcaica, mas como o berço espiritual dos povos turcomongóis, um elo que unia cultura, território e cosmos.

O Cazaquistão tornou-se um dos epicentros desse movimento. Lá, figuras como Nursultan Nazarbayev, primeiro presidente do país independente, enalteceram a herança tengriista como um pilar da identidade cazaque. Embora oficialmente se mantivesse a neutralidade religiosa do Estado, símbolos tengriistas passaram a ser exaltados em cerimônias públicas e documentos oficiais. A cor azul-turquesa da bandeira, os padrões solares e as referências ao "Céu Azul" ganharam novo significado. Intelectuais e historiadores começaram a reinterpretar heróis antigos como defensores da fé ancestral e a propor uma leitura espiritual do passado nacional.

Nesse contexto, emergiu Dastan Sarygulov, um dos nomes mais proeminentes do revivalismo tengriista. Em 2005, ele fundou o grupo Tengir Ordo – literalmente "Ordem de Tengri" – com o objetivo de promover uma ética baseada nos valores tradicionais e reaproximar o povo quirguiz de sua raiz espiritual. Para Sarygulov, o tengriismo não era apenas uma religião: era uma visão de mundo, uma filosofia de vida profundamente ecológica e humanista. Sua iniciativa inspirou outras organizações, e eventos públicos passaram a incorporar ritos e símbolos que antes eram vistos com desconfiança.

Na Rússia, a revitalização também ganhou fôlego, especialmente nas repúblicas autônomas onde os povos indígenas ainda mantinham ligação com práticas espirituais antigas. Tuva, Iacútia (Sakha), Buriácia e Khakássia tornaram-se polos de revalorização do xamanismo tengriista. Em Tuva, por exemplo, a "Federação de Xamãs da Sibéria" foi formada, reunindo praticantes que haviam mantido a tradição viva mesmo durante os tempos soviéticos. Esses xamãs passaram a atuar publicamente, oferecendo sessões de cura, adivinhação e aconselhamento espiritual em centros urbanos, ao mesmo tempo em que realizavam rituais coletivos em datas sagradas, como o solstício de verão.

A Iacútia destaca-se particularmente. Lá, a "Fé Aiyy" – uma vertente local do tengriismo – ganhou status de movimento espiritual legítimo, com apoio de parte da população e tolerância do Estado. O festival Yhyakh, por exemplo, transformou-se em uma grande celebração pública em que milhares de pessoas participam de rituais ao ar livre, entoam cânticos ancestrais e prestam homenagem às divindades celestes e à Mãe Terra. Esse evento, embora hoje também atraia turistas, conserva seu núcleo espiritual e é visto por muitos como uma forma de reconectar-se com os antepassados.

A Mongólia, berço de Gêngis Khan e terra onde o céu parece tocar a terra em cada horizonte, também viu o xamanismo renascer com vigor. Com a legalização das práticas espirituais tradicionais, surgiram dezenas de grupos de xamãs urbanos, muitos dos quais passaram a atender tanto em zonas rurais quanto em grandes cidades como Ulaanbaatar. Centros como o Golomt Center tornaram-se referência na formação de novos praticantes e na realização de rituais públicos. A juventude urbana, muitas vezes alienada dos ensinamentos tradicionais, começou a frequentar essas cerimônias em busca de algo que faltava nas religiões convencionais ou nos valores da modernidade ocidentalizada.

Mas o renascimento não ocorreu apenas entre os descendentes diretos dos antigos povos tengriistas. A espiritualidade ecológica e não dogmática do tengriismo começou a atrair interesse de pessoas de outras culturas. Viajantes espirituais, estudiosos e simpatizantes do animismo viram nessa tradição uma resposta profunda às crises contemporâneas – especialmente à crise ambiental e à sensação de alienação espiritual. Cerimônias abertas passaram a receber participantes estrangeiros, e traduções de mitos e ensinos xamânicos ganharam circulação em línguas europeias.

Esse interesse internacional, no entanto, trouxe consigo tensões e desafios. De um lado, há aqueles que temem a mercantilização da tradição – xamãs autodeclarados que oferecem experiências espirituais a turistas por altos preços, cerimônias simplificadas para agradar ao gosto ocidental e apropriação de símbolos sagrados em contextos fora de sua cosmovisão. De outro, há vozes dentro do próprio movimento que defendem a necessidade de abertura, de diálogo intercultural e de adaptação ao mundo moderno. Argumentam que o tengriismo sempre foi flexível, adaptando-se a diferentes realidades sem perder sua essência.

Essa tensão entre autenticidade e inovação é visível também nas representações midiáticas do revivalismo. Filmes épicos sobre heróis nômades, videoclipes com estética xamânica, documentários sobre práticas espirituais ancestrais – tudo isso ajudou a popularizar o tema, mas também corre o risco de transformar o tengriismo em uma estética vazia, desconectada de sua profundidade ritual e simbólica. Por isso, muitos praticantes defendem a necessidade de formação séria, aprendizado com mestres experientes e respeito à linhagem espiritual.

Apesar dos desafios, o impacto do revivalismo é inegável. Em censos recentes, cerca de 8% dos iacutos declararam seguir a "Fé Aiyy", e em cerimônias públicas no Quirguistão e no Cazaquistão centenas de pessoas se reúnem para oferecer leite, vodka e cânticos ao Céu. Grupos de jovens criam comunidades online para estudar mitologia tengriista, trocar experiências e organizar encontros. Livros, podcasts, documentários e até videogames inspirados na cosmologia nômade começam a surgir, oferecendo uma ponte entre o passado e o futuro.

O tengriismo moderno, portanto, não é uma mera reencenação do passado. É uma tradição viva, em transformação constante, que busca responder às necessidades do presente com as ferramentas do antigo. Ele não exige adesão cega, mas propõe um caminho de escuta, de reconexão com a Terra, com o Céu e com os ancestrais. Um caminho que pode ser trilhado em silêncio, com um punhado de leite ofertado ao vento, ou em celebrações coletivas diante do fogo sagrado.

O renascimento contemporâneo do tengriismo revela não apenas um movimento de resgate, mas um processo ativo de reinvenção simbólica, onde o passado é moldado pelas urgências do presente. Em sociedades que sofreram com o apagamento de suas matrizes identitárias, o retorno a práticas espirituais ancestrais serve tanto como resistência quanto como reintegração. Esse processo não é homogêneo, nem livre de contradições: ele assume formas distintas em cada região, segundo contextos políticos, interesses locais e as tensões entre tradição e modernidade. Contudo, o que une essas manifestações é a busca por uma espiritualidade enraizada, capaz de oferecer sentido e pertencimento em um mundo acelerado, fragmentado e muitas vezes desumanizado.

Ao mesmo tempo, a linguagem do tengriismo – feita de símbolos cósmicos, práticas rituais ligadas à natureza e valores comunitários – parece dialogar de maneira singular com questões globais. Sua visão circular do tempo, seu respeito pelas forças naturais e sua ética baseada na harmonia com o meio ambiente oferecem uma alternativa radical às lógicas utilitaristas que hoje predominam. Essa ressonância extrapola fronteiras étnicas ou geográficas: torna-se um ponto de contato entre mundos distintos, onde um jovem nômade da estepe e um ambientalista urbano europeu podem encontrar uma mesma vibração espiritual, ainda que por vias diferentes. Isso não elimina o risco de superficialidade, mas aponta para a possibilidade de uma ecologia espiritual compartilhada.

Em última instância, o revivalismo tengriista atua como espelho e bússola. Espelho, porque reflete a carência de sentido sentida por muitos diante da dissolução das antigas estruturas de fé e cultura. Bússola, porque aponta para caminhos possíveis de reconexão – com os ciclos da Terra, com os vínculos comunitários e com o silêncio sagrado que há entre o Céu e o vento. E talvez, mais do que buscar respostas prontas, seja essa escuta reverente ao invisível o verdadeiro legado de uma tradição que, mesmo antiga, sabe renascer com o sopro do presente.

Capítulo 23
Busca Espiritual

As chamas do tambor ressoam não apenas nas montanhas da Ásia Central, mas dentro de um anseio que cresce silenciosamente no coração humano contemporâneo. A busca espiritual que permeia o início do século XXI revela mais do que uma mera curiosidade por tradições esquecidas: trata-se de uma fome antiga, uma sede existencial que os grandes centros urbanos e as promessas da tecnologia não conseguiram aplacar. Neste cenário globalizado, onde o consumo substituiu rituais e a velocidade apagou o silêncio, o retorno a práticas ancestrais como o tengriismo aponta para um movimento mais profundo – o retorno ao que é essencial, ao que conecta.

A redescoberta do tengriismo ocorre num tempo marcado por paradoxos. Nunca houve tanta informação disponível, mas o sentido de pertencimento parece esvair-se. Nunca houve tantas religiões organizadas visíveis, mas cresce o número de pessoas que se declaram "espirituais, mas não religiosas". É nesse vazio de transcendência cotidiana que muitos, especialmente os descendentes dos povos turcomongóis, começam a olhar para trás, para os ventos que sussurravam orações sob o céu azul dos seus antepassados, e para as pedras empilhadas que guardavam oferendas simples à Mãe Terra.

O tengriismo não oferece um dogma nem exige submissão. Ao contrário, sua força está na vivência, na experiência direta com o sagrado. Diferentemente de muitas tradições institucionalizadas, que apresentam um clero, escrituras e ortodoxias rígidas, o tengriismo convida à percepção do invisível por meio da natureza e da ancestralidade. Essa abertura faz dele não apenas atrativo para os povos que dele descendem, mas também para buscadores espirituais de todo o mundo, que sentem que algo se perdeu no caminho moderno e buscam reencontrar uma espiritualidade mais orgânica, mais viva.

Entre jovens urbanos do Cazaquistão, da Mongólia e do Quirguistão, muitos relatam uma sensação de retorno ao "lar espiritual" ao entrarem em contato com os mitos, os rituais e a cosmologia tengriista. Trata-se de algo que transcende o orgulho étnico ou o resgate cultural – embora estes também estejam presentes. O que mobiliza essas pessoas é uma reconexão com algo que parecia ter sido silenciado: a consciência de que a terra é viva, que o céu ouve, que os ancestrais caminham conosco. Uma espiritualidade não baseada em promessas do além, mas em uma comunhão profunda com o presente sagrado.

Ao mesmo tempo, essa busca atravessa fronteiras geográficas. No Ocidente, cresce o número de pessoas interessadas em tradições animistas, xamânicas e ecocêntricas. O tengriismo aparece nesse horizonte como uma alternativa autêntica, ancestral e pouco explorada. Sua cosmovisão não impõe salvação, mas propõe equilíbrio. Não condena, mas orienta. Através do culto a Tengri, à Mãe Terra, aos espíritos da natureza e aos ancestrais, os praticantes encontram não apenas proteção, mas um modo de vida em que cada gesto – desde acender o fogo até colher uma erva – é carregado de significado.

 Esses elementos explicam por que, nas últimas décadas, cerimônias tengriistas têm atraído participantes de diversas origens, não apenas nômades ou rurais, mas também cientistas, terapeutas, artistas e ambientalistas. Em eventos como o Festival Yhyakh na Iacútia, ou encontros espirituais no Lago Issyk-Kul, é possível ver não apenas xamãs tradicionais conduzindo os rituais, mas também universitários, funcionários públicos e estrangeiros com olhos fechados em reverência, aprendendo a saudar os quatro ventos. Não há catecismo. Há conexão. E isso é o que tantos procuram.

 Outro aspecto dessa busca espiritual é a sensação de ausência que se instalou com a secularização moderna. As sociedades pós-industriais romperam com os vínculos tradicionais, deixando muitos indivíduos à deriva entre a produtividade, o entretenimento e a competição. Mesmo entre aqueles que se mantêm religiosamente afiliados, há uma carência de vivência espiritual concreta – o céu deixou de ser sagrado, a terra tornou-se um recurso. Nesse contexto, a redescoberta do tengriismo funciona como uma âncora, um lembrete de que existe outra maneira de habitar o mundo: não como donos, mas como filhos.

No coração dessa busca, está também o desejo de reconciliação com os próprios antepassados. Para muitos jovens que cresceram afastados das tradições orais e espirituais de suas culturas, o tengriismo é uma ponte entre a modernidade e a memória. Aprender os nomes das divindades, dos espíritos, dos ritos, é recuperar uma língua espiritual que parecia extinta. E esse aprendizado não ocorre apenas em livros ou conferências, mas no corpo – ao participar de um ritual de fogo, ao tocar um tambor sagrado, ao ouvir o silêncio da montanha e entender que ali mora um espírito.

É também notável como o tengriismo ressoa com os valores de sustentabilidade e consciência ecológica que emergem no mundo contemporâneo. Em tempos de crise climática, o tengriismo propõe não apenas uma mudança de atitudes, mas uma mudança de percepção: a terra não é um depósito de recursos, mas uma mãe viva; a água não é um bem de mercado, mas o sangue dos rios sagrados. Essa visão não romantiza a natureza, mas a reconhece como um sistema espiritual e vivo, com o qual se deve negociar, respeitar e agradecer. Por isso, muitos veem no tengriismo um caminho espiritual profundamente ecológico – uma resposta sagrada à urgência ambiental que enfrentamos.

O retorno à espiritualidade tradicional não se dá sem conflitos. Há resistências dentro e fora das comunidades. Entre os religiosos organizados, há quem veja o tengriismo como superstição ou idolatria. Entre os secularistas, há quem o ridicularize como folclore ultrapassado. Mas aqueles que o praticam não buscam convencer. Para eles, o que importa é a vivência:

oferecer leite ao céu ao amanhecer, escutar os presságios dos ventos, honrar os ancestrais ao redor do fogo. São gestos simples, mas que reencantam a vida. E nesse reencontro silencioso com o sagrado cotidiano, está a resposta à busca espiritual de nossos tempos.

Há ainda uma outra camada: a busca pessoal por cura. Muitos recorrem ao tengriismo em momentos de crise – emocional, física ou existencial. Encontram nos rituais, nos xamãs e nas práticas simbólicas uma forma de lidar com o sofrimento que a medicina moderna e a psicologia muitas vezes não conseguem alcançar. Ao ouvir um tambor ressoando como o batimento do coração do mundo, ou ao ser envolvido pela fumaça de ervas queimadas num rito de purificação, o indivíduo sente-se parte de algo maior. Essa experiência, por si só, já é terapêutica – não porque promete milagres, mas porque restaura o sentido de pertença e de continuidade.

Não é possível medir a profundidade dessa busca espiritual por estatísticas ou declarações públicas. Muitas vezes ela acontece em silêncio, no recolhimento. Um ancião que acende o fogo como fazia seu avô; uma jovem que aprende a entoar os cânticos esquecidos da sua linhagem; uma família que constrói um pequeno ovoo no jardim, entre flores e pedras. São gestos discretos, mas que, repetidos por milhares de pessoas, constituem uma corrente espiritual que cresce dia após dia.

A natureza silenciosa desses gestos revela a essência mais profunda do movimento: não se trata de aderir a um sistema, mas de recordar algo que já habita a memória ancestral de cada um. O retorno ao tengriismo, nesse sentido, não acontece como uma conversão, mas como um despertar. O fogo aceso, o cântico sussurrado, o respeito aos ciclos naturais – tudo isso compõe uma liturgia íntima, onde o sagrado não é imposto, mas emergente. Essa espiritualidade não precisa de templos grandiosos, pois encontra abrigo na vastidão do céu, na presença invisível dos ancestrais e na escuta atenta dos ventos. É um convite à presença plena, ao reencontro com um tempo que não corre, mas pulsa.

Por isso, mesmo quando invisível às estruturas religiosas formais, a busca espiritual contemporânea ganha corpo no cotidiano. Em meio a cidades que não dormem, há quem feche os olhos para ouvir o chamado de uma montanha distante; em meio ao barulho constante das redes, há quem escolha o silêncio para acender um incenso e conversar com seus mortos. Essas práticas, muitas vezes solitárias, se tornam fios de uma grande tapeçaria espiritual que vai se tecendo sem alarde. O tengriismo, nesse contexto, não é um fenômeno isolado, mas parte de um movimento mais amplo de reconexão com uma espiritualidade que não divide o mundo em profano e sagrado, mas o compreende como um só corpo vivo e interdependente.

Essa consciência, ainda que em estado de resgate, devolve ao ser humano um lugar simbólico no cosmos – não o de senhor, mas o de participante. Ao se perceber novamente como parte do todo, o indivíduo redescobre um eixo interior, uma direção que não depende de respostas absolutas, mas de um caminhar sensível e atento. Assim, a busca espiritual não termina em uma revelação súbita, mas se desdobra como uma trilha antiga reencontrada sob os pés. E é nesse passo a passo silencioso, nesse retorno humilde ao essencial, que a alma contemporânea, por vezes exausta, encontra repouso.

Capítulo 24
Xamanismo Siberiano

A vastidão da Sibéria, com suas taigas densas, tundras silenciosas e rios serpenteantes, abriga há milênios povos que se relacionam com o mundo de maneira profundamente espiritual. Nesse cenário onde o inverno perdura e a natureza impõe seus ritmos severos, floresceu uma miríade de tradições xamânicas que, embora diversas em suas expressões culturais, compartilham um núcleo comum com o tengriismo turco-mongol. O xamanismo siberiano não se configura como um sistema religioso uniforme, mas como uma tapeçaria viva de experiências, mitos e práticas que demonstram como o ser humano, mesmo em condições extremas, soube construir uma ponte de diálogo constante com o invisível.

Entre os iacutos (ou yakutos), buriates, evenks, tuvinos, khakass e outros povos da Sibéria, o xamã – seja chamado de oyuun, böö ou kam – é a figura central. Ele não apenas cura e aconselha, mas sustenta o elo entre os mundos. As raízes desse xamanismo mergulham em tempos anteriores à escrita e à organização estatal, preservando estruturas arcaicas de espiritualidade que dialogam diretamente com os ciclos da terra, as constelações e os ritmos dos animais. A cosmologia tripartida que divide o universo em três esferas – o mundo superior, o mundo do meio e o mundo inferior – é um traço compartilhado com o tengriismo, o que sugere um fundo comum de sabedoria entre os povos da estepe e os das florestas siberianas.

    A crença em seres espirituais que habitam rios, árvores, montanhas e animais é onipresente entre os povos siberianos. Os iacutos, por exemplo, falam do Aiyy, um conjunto de espíritos superiores celestiais que se assemelha à figura de Tengri. Há também o culto a Yer Su (terra e água), presente em várias línguas túrquicas, reafirmando o padrão dual do divino manifestado no céu e na terra. Espíritos ancestrais também são venerados, não como lembranças do passado, mas como presenças ativas que acompanham e protegem os vivos. Em muitos lares siberianos, pequenos altares com fotografias de antepassados e objetos ritualísticos indicam essa continuidade entre o mundo visível e o invisível.

    Entre os evenks e os buriates, os tambores xamânicos são considerados não apenas instrumentos, mas entidades sagradas dotadas de alma. Ao serem tocados, abrem portais que permitem ao xamã viajar entre os mundos. O tambor não é apenas um veículo sonoro, mas uma montaria mística – o cavalo ou rena espiritual que transporta o espírito do xamã em sua jornada. Essa imagem ressoa com o simbolismo encontrado no tengriismo, onde o cavalo também é mediador entre o homem e o Céu. A visão do tambor como ser vivo, com batimentos e respiração, revela uma percepção do mundo em que os objetos também possuem vida e agência espiritual.

Em muitos rituais siberianos, o xamã invoca seus espíritos auxiliares – ongon ou yehin – que podem assumir a forma de animais, elementos da natureza ou até ancestrais específicos. Essas entidades não são meramente simbólicas: são sentidas, percebidas, incorporadas. A prática da possessão ritual é comum, em que o xamã cede seu corpo temporariamente para que um espírito traga mensagens ou realize curas. As palavras ditas nesse estado são consideradas oraculares, merecendo atenção e reverência. Esse contato direto com o sobrenatural não é restrito ao xamã: muitos membros da comunidade, especialmente os mais sensíveis, relatam sonhos visionários, pressentimentos e experiências espirituais espontâneas, reforçando o caráter participativo e experiencial da religiosidade siberiana.

Ao compararmos essas práticas com o tengriismo, percebemos que, embora os nomes das divindades variem, as funções espirituais permanecem. O xamã siberiano, assim como o böö mongol ou o kam turco, é mediador, curador, conselheiro e visionário. Ele conhece os caminhos ocultos que ligam os três mundos e sabe como restaurar o equilíbrio quando este é rompido – seja por doenças, conflitos ou desastres naturais. Essa função não é aprendida em livros, mas transmitida por linhagem, iniciações e experiências de quase-morte ou doença espiritual que preparam o corpo e o espírito do eleito para sua missão.

É importante frisar que, apesar das semelhanças estruturais, cada etnia desenvolveu características próprias. Entre os khakass, por exemplo, a mitologia local inclui o deus Kurbustu, uma figura celeste guerreira, enquanto os iacutos desenvolvem um panteão mais hierarquizado, com entidades como Ürüng Aar Toion (o Senhor Branco do Alto), que ocupa papel análogo ao de Tengri. A presença de deusas-mães também é marcante – espíritos femininos ligados à fertilidade, à água e à proteção infantil. As evenki reverenciam entidades chamadas Xoni, associadas à floresta, enquanto os buriates mantêm cultos aos espíritos das montanhas, como Khan Khokhii. Essa diversidade enriquece o mosaico espiritual siberiano e revela a plasticidade do xamanismo como sistema vivo, adaptável aos ambientes e às necessidades da comunidade.

Durante o domínio soviético, essas tradições foram violentamente reprimidas. Xamãs foram presos, executados, forçados ao silêncio. Seus tambores foram destruídos, suas canções proibidas. E, no entanto, sobreviveram. Escondidos em casas remotas, misturados a rituais "folclóricos" ou disfarçados sob simbolismos cristãos, os saberes ancestrais seguiram sendo transmitidos de avó para neto, de mestre para aprendiz. Esse subterrâneo espiritual não foi extinto – apenas adormeceu, aguardando o momento de florescer novamente. E esse momento chegou. Com a queda da União Soviética, a Sibéria viu emergir uma nova geração de xamãs, associações espirituais e festivais que celebram abertamente a religiosidade nativa. O renascimento é visível, e com ele o diálogo com o tengriismo clássico se intensificou.

Em encontros inter-xamânicos realizados em locais como Ulan-Ude, Kyzyl ou Yakutsk, líderes espirituais das mais diversas etnias compartilham seus conhecimentos, mitos e técnicas de cura. Há um reconhecimento mútuo: ainda que cada um invoque seus deuses e espíritos pelos nomes próprios, todos se referem ao mesmo céu, ao mesmo mundo invisível que pulsa por trás do visível. Surgem termos como "neo-tengrismo siberiano" para designar esse movimento de convergência, embora muitos preferem falar simplesmente de "a via ancestral". Para esses praticantes, a preocupação não é a definição teológica, mas a experiência viva de reconexão com o mundo espiritual e natural.

A semelhança entre o xamanismo siberiano e o tengriismo não deve ser confundida com identidade absoluta. A multiplicidade é parte do que confere força a essas tradições. Entretanto, é inegável que há um campo simbólico comum: a visão de mundo tripartida, a veneração ao céu e à terra, o culto aos antepassados, a crença nos espíritos da natureza e o papel do xamã como eixo entre as dimensões. Esse campo comum legitima a ideia de um "cinturão espiritual euro-asiático" que se estende da Hungria às florestas do Pacífico Norte, abarcando povos tão distantes quanto os húngaros urálicos e os ainus do Japão. Em todos, o mesmo fio invisível liga homem, espírito e cosmos.

Nos dias atuais, o xamanismo siberiano tem ultrapassado suas fronteiras culturais. Terapeutas, estudiosos e buscadores espirituais de diversas partes do mundo têm se aproximado dessas tradições, não como exóticos espectadores, mas como aprendizes. Workshops de tambor siberiano, cerimônias de purificação com zimbro, peregrinações a montanhas sagradas, tudo isso se tornou parte de um novo mapa espiritual global em que a sabedoria indígena é redescoberta como antídoto para os males da modernidade. Alguns alertam para os riscos de apropriação indevida; outros veem nessa difusão uma oportunidade de diálogo intercultural e de sobrevivência para os saberes ameaçados.

A abertura do xamanismo siberiano ao mundo contemporâneo não significa sua diluição, mas revela uma força ancestral que soube se adaptar sem perder a profundidade. À medida que pessoas de fora se aproximam desses saberes, percebe-se uma mudança não apenas na difusão, mas na escuta: há quem venha não para traduzir, mas para aprender com humildade. Essa escuta é fundamental, pois o xamanismo não se transmite apenas por palavras, mas por presença, silêncio, ritmo e visão interior. O que se oferece, então, não é um manual ou uma promessa, mas um convite a se despir de certezas e caminhar com os pés descalços sobre a terra viva dos ancestrais.

Ainda assim, para os próprios povos siberianos, o reencontro com suas raízes espirituais não se resume a uma prática individual: é um ato político e cultural. Reviver os cânticos antigos, restaurar os rituais coletivos e transmitir os mitos às novas gerações é também uma forma de resistência frente à homogeneização global. É na reintegração desses elementos que muitos redescobrem a dignidade de sua história e a força de sua identidade. O xamanismo, nesse contexto, deixa de ser apenas uma tradição espiritual e torna-se também um caminho de cura coletiva, onde a reconexão com o invisível se traduz em pertencimento, em memória e em reconstrução comunitária.

Em meio à vastidão gelada da Sibéria, o tambor continua a soar. E seu eco ressoa muito além das florestas e estepes que o abrigaram por séculos. Ele atravessa fronteiras, toca o coração de buscadores e reativa uma sensibilidade espiritual que parecia esquecida. Não importa o idioma em que se invoque os espíritos, nem o nome que se dê ao céu: o gesto é o mesmo, o chamado é o mesmo. E enquanto houver quem cante para a montanha, quem ofereça leite ao fogo, quem escute o sussurro do vento como palavra sagrada, o xamanismo siberiano seguirá vivo — não apenas como herança, mas como caminho.

Capítulo 25
Tradições Indígenas

Quando o espírito do mundo sussurra por entre as árvores ancestrais, sopra nos desertos e ergue-se nas montanhas eternas, ele fala muitas línguas. E entre as vozes que escutam e respondem a esse chamado, estão aquelas dos povos indígenas espalhados pelos continentes – comunidades que, embora separadas por oceanos, convergem na percepção de que a Terra é viva, o Céu é um ser consciente e o ser humano é apenas uma parte da vasta rede cósmica. Assim como o tengriismo floresceu nas estepes e taigas da Eurásia, tradições espirituais semelhantes emergiram no coração das Américas, nas savanas africanas, nos planaltos andinos, nas ilhas do Pacífico e nas florestas do Sudeste Asiático. O espírito do sagrado natural é universal, e sua reverberação nos mitos e rituais indígenas evidencia uma alma humana profundamente sintonizada com o mistério da vida.

Entre os nativos da América do Norte, a figura do Grande Espírito é central. Conhecido como Wakan Tanka entre os Lakota, Gitche Manitou entre os Algonquinos e Tirawa pelos Pawnee, ele é a presença suprema e invisível que tudo permeia. Essa concepção não é distante de Tengri, o Céu Eterno: ambos são seres não antropomórficos, onipresentes, que se manifestam nas forças da natureza e guiam os destinos humanos. Os indígenas das planícies norte-americanas, por exemplo, reverenciavam o céu aberto, as águias em voo, os ventos que cruzavam as pradarias – elementos que, como no tengriismo, eram reconhecidos como sagrados. A dança do sol, um dos ritos mais importantes dessas culturas, simbolizava a conexão direta com o Espírito do Céu, evocando força, cura e orientação.

Mais ao sul, os povos das florestas amazônicas construíram uma espiritualidade profundamente interligada com a biodiversidade exuberante que os cerca. Pajés yanomamis, shamãs kayapós, líderes espirituais guaranis – todos eles reconhecem nos animais, plantas e rios entidades dotadas de vontade e sabedoria. Um cipó pode conter o espírito de uma deusa; uma onça pode ser um ancestral reencarnado; um rio pode falar, em sonho, com um curandeiro. O uso de enteógenos, como a ayahuasca, é comum para facilitar o diálogo com esses mundos ocultos. Não se trata de uma busca pela "iluminação" individualista, mas de uma comunhão coletiva, voltada ao equilíbrio da aldeia e da natureza ao redor. O respeito profundo pelos espíritos da floresta ecoa a veneração tengriista pelos iye – os guardiões espirituais de cada entidade natural.

Na África, o panteão de divindades e espíritos das religiões tradicionais revela um paralelismo notável com a cosmovisão animista das estepes asiáticas. Entre os iorubás, por exemplo, existe Olodumarê, o ser supremo que tudo criou, e os orixás, que são manifestações naturais e espirituais de sua vontade. Xangô é o trovão,

Oxum é o rio, Iansã é o vento – forças naturais tornadas consciências. Embora a África subsaariana possua uma estrutura religiosa mais hierarquizada em certas culturas, a base continua sendo o reconhecimento da alma presente na natureza e da comunicação entre os vivos e os ancestrais. A ideia de que um xamã, sacerdote ou babalaô possa mediar entre mundos, viajando em transe, consultando espíritos e orientando os vivos, remete diretamente ao papel dos xamãs tengriistas e siberianos.

Nos arquipélagos do Pacífico, os povos maori da Nova Zelândia, os samoanos, tonganeses e havaianos desenvolvem tradições em que o oceano, os vulcões e os ventos são considerados vivos. A noção de mana – uma força vital sagrada que permeia tudo – aproxima-se da ideia de "kut" ou "nefes" no tengriismo: o sopro vital que anima seres humanos, animais e até objetos. O respeito aos antepassados é fundamental nessas culturas insulares. As genealogias são cantadas, os nomes antigos reverenciados, e os locais sagrados mantidos como portais para o mundo espiritual. O mar não é apenas fonte de alimento, mas caminho entre os mundos. A travessia oceânica torna-se, então, não só física, mas mística – e muitos rituais envolvem pedidos de proteção ao céu e ao mar antes de qualquer jornada.

Nos altiplanos andinos, os quechuas e aimarás cultuam a Pachamama – a Mãe Terra – com fervor e devoção. Essa figura é quase idêntica à Etugen do tengriismo: ambas representam o solo fértil, a montanha nutridora, a deusa silenciosa que sustenta a vida. O culto à Pachamama não se restringe a oferendas simbólicas, mas se manifesta em rituais sazonais, festas comunitárias, jejuns e agradecimentos constantes. Assim como os nômades túrquicos lançavam leite ao céu em reverência, os andinos derramam chicha (bebida de milho) sobre a terra antes de beber, oferecendo à deusa sua parte. A reciprocidade é a base do relacionamento com o divino – uma ideia presente em todas as tradições indígenas e também no tengriismo: se você respeita os espíritos, eles o protegem; se os ignora ou desrespeita, calam-se ou se voltam contra você.

A estrutura dos três mundos também é comum a diversas cosmologias indígenas. Os guaranis, por exemplo, falam do Nhanderu – o pai celeste que habita o mundo superior – e do mundo subterrâneo habitado por forças negativas ou caóticas. Os xamãs da floresta, como os dos Shipibo-Conibo do Peru, descrevem viagens em que sobem por "árvores cósmicas" ou mergulham em "rios de luz" que ligam os diferentes planos da realidade. A Árvore do Mundo – tão central na visão tengriista – aparece sob outras formas: uma palmeira sagrada, um cipó mágico, um tronco colossal que sustenta o céu. Essas imagens, embora culturalmente distintas, apontam para arquétipos comuns da mente humana: a conexão vertical entre mundos, o mediador espiritual que viaja entre eles e a necessidade de manter equilíbrio entre os planos.

Importante notar que, apesar das similitudes, cada cultura expressa suas verdades com símbolos únicos, moldados pelo ambiente e pela história. O tambor do xamã mongol pode equivaler à maraca do pajé amazônico; o cavalo como espírito-guia pode ser trocado pelo colibri ou pelo jaguar. As linguagens simbólicas variam, mas a estrutura espiritual permanece notavelmente convergente. Isso tem levado muitos estudiosos, como Mircea Eliade e Michael Harner, a sugerirem a existência de uma matriz xamânica primordial – uma forma de espiritualidade enraizada na condição humana pré-histórica, que sobreviveu em múltiplos pontos do globo por meio das tradições indígenas.

Essa universalidade também abre caminhos para o diálogo intercultural entre tradições vivas. Em encontros internacionais de espiritualidade ancestral – como os realizados pela ONU em fóruns de direitos indígenas ou por redes ecospirituais globais – representantes de diferentes povos compartilham cânticos, rituais e visões. Um xamã buriate pode dialogar com um líder Hopi; uma mulher Ainu pode compartilhar símbolos com uma sacerdotisa Maori. Nessas trocas, frequentemente ouve-se a expressão: "a Terra nos une". E, em muitos casos, as práticas tengriistas são reconhecidas como irmãs espirituais das crenças indígenas globais – diferentes na forma, mas iguais no fundamento: reverência à vida, respeito aos ancestrais, comunicação com o invisível.

Mesmo nas diásporas e nos contextos urbanos, descendentes de povos indígenas buscam manter vivas essas conexões. Em São Paulo, Nova York ou Paris, pequenas comunidades realizam cerimônias de lua cheia, rituais de gratidão, danças tradicionais. Da mesma forma, emigrantes mongóis, buriates ou tuvinos recriam seus ovoos simbólicos nos parques das grandes cidades, mantendo contato espiritual com suas raízes. Muitos jovens mestiços ou com identidades culturais híbridas encontram nessas práticas um modo de integrar seus diversos pertencimentos – sejam indígenas, modernos, ocidentais ou espirituais. O tengriismo e outras tradições nativas oferecem, então, não apenas uma herança cultural, mas um caminho de cura e reintegração da identidade.

Essa multiplicidade de expressões espirituais, espalhadas pelas culturas indígenas do mundo, revela não apenas uma diversidade simbólica, mas um mesmo gesto essencial: o de escutar a Terra e dialogar com o invisível. Cada povo, com seus mitos, ritos e cantos, traduziu esse gesto segundo o pulsar de seu território – seja ao som de maracas, tambores, flautas ou no silêncio reverente diante de uma montanha. É nessa escuta ativa que se preserva o fio ancestral que liga os humanos ao cosmo, um fio que não se rompe com o tempo, mas se renova a cada gesto ritual, a cada oferenda simples, a cada história contada à beira do fogo. Por isso, ainda que cada tradição tenha sua própria língua, sua cosmologia particular, elas se reconhecem mutuamente como variações de uma mesma sabedoria: a de que o sagrado está aqui, no chão que pisamos, no vento que sopra, no olhar dos que vieram antes.

Ao contemplarmos esse pano espiritual tão vasto, torna-se evidente que as tradições indígenas não estão presas ao passado, mas seguem oferecendo respostas ao presente. Em tempos marcados por crises ecológicas, desorientação existencial e rompimento dos laços comunitários, seus ensinamentos aparecem como chaves para uma reconciliação com a vida. Isso não significa que devamos idealizá-las ou apropriá-las, mas que podemos aprender com sua ética da reciprocidade, com sua espiritualidade incorporada ao cotidiano, com sua maneira de conhecer o mundo através do afeto e da escuta. Cada encontro com essas tradições pode ser, portanto, uma oportunidade de realinhar-se com a própria humanidade – aquela que sente, que sonha, que celebra os mistérios da existência ao redor do fogo e sob o céu aberto.

Assim, quando os descendentes dessas culturas, mesmo em contextos urbanos e fragmentados, buscam reviver seus rituais, eles não estão apenas resgatando raízes, mas ativando futuros. O tambor que toca em um terraço de concreto carrega o mesmo chamado do que ressoava nas planícies livres; a oferenda feita com ervas colhidas num jardim urbano possui a mesma intenção de quem o faz no coração da floresta. O espírito ancestral não exige pureza geográfica, mas verdade de gesto. E enquanto houver quem cante para a Lua, quem sonhe com os animais, quem veja no trovão a voz de um deus antigo, as tradições indígenas continuarão a nos lembrar que não estamos separados do mundo – somos parte dele, profundamente entrelaçados em sua canção.

Capítulo 26
Visão Ecológica

No âmago da espiritualidade tengriista pulsa uma percepção da natureza não como pano de fundo passivo da existência humana, mas como protagonista divina de uma grande narrativa sagrada. A Terra é viva, o Céu é consciente, os rios respiram e as montanhas sonham. Para o devoto de Tengri, cada elemento do mundo natural carrega um espírito que merece reverência, diálogo e reciprocidade. Essa concepção não é uma idealização romântica tardia; ela está entrelaçada nas práticas cotidianas de uma tradição que nasceu do nomadismo e floresceu no ventre da estepe euro-asiática. O tengriismo, por isso, oferece mais que uma religião – oferece uma ética ecológica enraizada na experiência milenar de coexistência harmoniosa com o mundo natural.

A relação entre homem e natureza no tengriismo não é de subjugação, mas de co-participação. O homem não é senhor da Terra, mas seu filho. Esta verdade ecoa no mito cosmogônico central da tradição: o ser humano é fruto da união do Céu (Tengri) com a Terra (Etugen). A Terra, neste sentido, não é um recurso a ser explorado até o esgotamento, mas uma mãe nutridora que sustenta a vida com generosidade e poder. A metáfora não é decorativa – ela define comportamentos, molda decisões e estrutura toda uma civilização sobre princípios de equilíbrio. Cuidar da terra, das águas, do ar e do fogo é cuidar de si mesmo, pois todos compartilham a mesma linhagem espiritual.

O nomadismo dos povos túrquicos e mongóis favoreceu uma cosmovisão em que a natureza é companheira de viagem e não inimiga a ser domada. Nômades precisam da pastagem renovada, das fontes limpas, do solo fértil – e sabem que nada disso existe sem respeito ao ritmo natural das coisas. O rebanho deve descansar a terra; o rio deve correr sem obstruções; as árvores devem ser cortadas com permissão e parcimônia. Esses povos, por necessidade e sabedoria, desenvolveram uma profunda observância dos ciclos naturais. As estações do ano, os movimentos dos astros, os comportamentos dos animais – tudo era sinal, linguagem sagrada. E o desrespeito a essa linguagem era visto como pecado contra o equilíbrio cósmico.

Essa ética ecológica se manifesta de maneira concreta nos rituais tradicionais. Antes de cortar uma árvore, o chefe da família pode pedir permissão ao espírito da floresta, derramar leite ou vodca no chão como oferenda e pronunciar palavras de respeito. Ao sacrificar um animal, há um momento de silêncio em que se agradece à alma do ser vivo pela doação de sua carne. Nada é feito de maneira mecânica ou indiferente – toda ação tem consequência espiritual. A poluição de um rio, por exemplo, é vista não apenas como crime ambiental, mas como ofensa ao espírito guardião daquelas águas. E ofender um espírito pode trazer doenças, má sorte, ou secas. Assim, os códigos ecológicos do tengriismo são também códigos de sobrevivência.

O fogo é sagrado. A água é sagrada. O vento é sagrado. A terra é sagrada. Não por serem símbolos abstratos, mas por serem manifestações de forças reais, perceptíveis, presentes. O xamã, figura central da tradição, não apenas evoca esses elementos durante suas cerimônias – ele dialoga com eles. O fogo no centro da tenda não é apenas uma fonte de calor, mas a boca pela qual se comunicam os mundos. O vento que entra pela claraboia da yurt carrega recados dos deuses. A fumaça do incenso leva os desejos humanos aos céus. Cada elemento da natureza é um elo de ligação entre o visível e o invisível.

No contexto contemporâneo de devastação ecológica global, essa visão ancestral ressurge como uma alternativa urgente e poderosa. O mundo moderno, orientado por uma lógica de consumo e exploração ilimitada, enfrenta o colapso climático, a extinção de espécies e o esgotamento dos recursos naturais. Nesse cenário, o tengriismo propõe uma inversão de valores: abandonar a ideia de que a natureza está a serviço do homem e abraçar a ideia de que o homem deve servir e proteger a natureza. Não por obrigação moral abstrata, mas por sabedoria prática – pois a destruição do ambiente é autodestruição.

Algumas comunidades tengriistas contemporâneas, conscientes disso, têm se engajado em ações ecológicas inspiradas nos princípios antigos. Grupos de xamãs na Sibéria realizam cerimônias periódicas para "alimentar" as montanhas, os rios e os lagos – levando oferendas e entoando cânticos de purificação. Em regiões do Cazaquistão, jovens ativistas ecológicos organizam mutirões de limpeza de florestas e fontes, seguidos de rituais de agradecimento aos espíritos locais. Há escolas nas zonas rurais da Mongólia que incorporam ensinamentos tengriistas ao currículo, incentivando os alunos a verem os animais, as pedras e as nuvens como partes de uma comunidade espiritual.

Essa espiritualidade ecológica não se limita ao ativismo. Ela redefine a noção de sucesso e progresso. Onde o mundo moderno vê riqueza em termos de acúmulo, o tengriismo vê riqueza em termos de equilíbrio. A tribo próspera não é a que mais acumula, mas a que mais respeita os ciclos da terra e vive em paz com os espíritos. A sabedoria não é medida pelo domínio técnico, mas pela capacidade de ouvir a natureza e interpretar seus sinais. O líder ideal não é o mais poderoso, mas o mais sintonizado com a vontade do Céu e da Terra.

A estética tengriista reflete essa ecologia espiritual. As cores azul e verde predominam nas bandeiras, nos trajes e nos objetos rituais. Azul como o céu infinito e verde como as planícies vivas. A música tradicional é feita com instrumentos que imitam sons naturais: o assobio do vento, o trotar dos cavalos, o murmúrio dos riachos. As canções não celebram conquistas humanas, mas louvores à beleza da criação, aos espíritos dos lugares, aos animais totêmicos. O tambor do xamã pulsa como o coração da terra; o canto gutural ressoa como o eco das cavernas. Tudo isso cria uma estética que não aliena o homem do mundo – mas o re-inscreve nele como criatura entre criaturas.

    Não por acaso, o tengriismo tem atraído a atenção de movimentos ambientalistas, ecospiritualistas e buscadores contemporâneos que procuram um caminho mais autêntico e harmonioso de estar no mundo. Muitos reconhecem na espiritualidade das estepes uma sabedoria esquecida, mas vital. A ideia de que a espiritualidade não está separada da ecologia – que o cuidado com a alma e o cuidado com o planeta são uma coisa só – encontra eco nas novas gerações inquietas com o rumo da civilização moderna. O tengriismo, nesse sentido, não é apenas uma relíquia étnica – é uma proposta de futuro.

    Ainda que suas práticas possam parecer distantes da vida urbana atual, os princípios que sustentam o tengriismo são universais e adaptáveis. A simplicidade voluntária, o consumo consciente, o respeito aos ciclos, a gratidão à terra, a escuta do invisível – tudo isso pode ser praticado em qualquer lugar do mundo. Uma horta urbana pode ser consagrada com orações ao Céu. Um copo de água pode ser bebido com consciência do espírito que habita aquela substância. Uma caminhada no parque pode se tornar um rito de reconexão. O importante não é a forma externa, mas o sentimento interno de reverência e reciprocidade.

    Essa ética do cuidado e da escuta contrasta fortemente com a cultura da velocidade, da produtividade e da objetificação da natureza. O tengriismo propõe um ritmo diferente – mais próximo do ritmo das estações, dos ciclos lunares, do movimento das nuvens. Propõe também uma economia diferente – baseada no suficiente, no comunitário, no sagrado. Não se trata de retroceder ao passado, mas de extrair dele as sementes de uma nova visão. Uma visão em que progresso não significa dominação, mas amadurecimento; em que tecnologia não serve para explorar, mas para preservar; em que espiritualidade não se reduz a rituais formais, mas se expande como estilo de vida.

Essa reconexão entre espiritualidade e ecologia, proposta pelo tengriismo, ganha ainda mais relevância quando percebemos que a crise ambiental do presente não é apenas uma crise de recursos, mas de imaginação. A forma como enxergamos o mundo molda a maneira como o tratamos. E se por séculos predominou uma visão que separava o humano do restante da criação, agora torna-se urgente cultivar uma percepção que nos reintegre ao todo. O tengriismo, ao apresentar a Terra como mãe e o Céu como pai, oferece não apenas metáforas poéticas, mas um mapa simbólico para habitar o planeta com humildade e gratidão. É uma sabedoria que não compete com o saber científico, mas o complementa, ao lembrar que cuidar do mundo também é um ato espiritual.

À medida que enfrentamos o aquecimento global, a escassez hídrica, o colapso da biodiversidade e o empobrecimento dos solos, torna-se claro que apenas soluções técnicas não serão suficientes. É necessário um novo (ou antigo) paradigma – um modo de pensar e sentir que reconheça a sacralidade da vida em todas as suas formas. O tengriismo não propõe fórmulas prontas, mas valores enraizados na escuta, na reciprocidade e na presença. Ele ensina que cada gesto cotidiano – plantar, colher, agradecer, pedir permissão – pode ser um ritual, e que cada ser – pedra, animal, vento ou estrela – tem algo a dizer, se aprendermos a ouvir. É esse aprendizado sensível que pode transformar nossa relação com o planeta e conosco mesmos.

No fim, a visão ecológica do tengriismo nos convida a uma espiritualidade de pertencimento. Não se trata de buscar transcendência fora do mundo, mas de mergulhar profundamente nele, reconhecendo a interdependência que nos une a tudo o que existe. Essa compreensão não exige que todos se tornem nômades ou xamãs, mas que cultivem um olhar mais terno e atento para a vida em seu entorno. Em tempos de urgência climática e desenraizamento existencial, esse retorno ao essencial – ao fogo no centro, ao céu que observa, à terra que nutre – pode ser o ponto de partida para um novo caminho. Um caminho que não separa o sagrado do cotidiano, nem o humano da natureza, mas os reconhece como um só sopro contínuo de vida.

Capítulo 27
Práticas Modernas

Em meio ao reencantamento espiritual do século XXI, muitos buscam práticas que transcendam o mero ritual vazio e se reconectem com experiências profundas de sentido. O tengriismo, com sua essência não dogmática e íntima ligação com a natureza, apresenta-se como um caminho viável e potente. Contudo, a questão que se impõe àqueles que desejam seguir esse caminho nos tempos atuais é: como viver o tengriismo longe das vastas estepes, dos rituais ancestrais em sua forma plena, e da convivência diária com xamãs tradicionais? A resposta se encontra na adaptabilidade dessa tradição milenar, que, mesmo sem textos sagrados ou uma estrutura eclesiástica central, mantém uma coerência interna que permite sua recriação autêntica em novos contextos.

O praticante moderno do tengriismo, muitas vezes vivendo em cidades, longe dos territórios tribais e das montanhas sagradas, reinventa suas formas de devoção a partir dos mesmos princípios que orientavam os nômades antigos: respeito, reciprocidade e conexão direta com o sagrado. Não há necessidade de grandes templos ou liturgias complexas. A simplicidade é virtude. Uma das práticas mais comuns entre os devotos contemporâneos é o gesto diário de oferecer um pouco de leite, chá, ou vodca ao céu, ao solo, ou ao fogo. Ao amanhecer, lançar algumas gotas ao vento enquanto se pronuncia palavras de gratidão a Tengri constitui um rito mínimo e profundo. É um reconhecimento do milagre de estar vivo sob o Céu Eterno.

Essa prática, derivada das oferendas tradicionais dos pastores mongóis e turcos, pode ser realizada até mesmo da janela de um apartamento ou no quintal de uma casa urbana. Não importa o cenário – o que conta é a intenção e o sentimento. Trata-se de um ato de reafirmação do vínculo sagrado entre o humano e os elementos. Para muitos, esse gesto diário transforma-se numa espécie de meditação ativa, de realinhamento espiritual com as forças que sustentam a vida. Sentir o vento no rosto e perceber nele a presença de Tengri, observar uma árvore e saudar o espírito que nela habita, ouvir o canto de um pássaro como se fosse uma mensagem do invisível – tudo isso compõe o cotidiano do tengriista moderno.

Outra forma muito presente no renascimento do tengriismo contemporâneo é a construção de pequenos santuários domésticos inspirados nos ovoos tradicionais. Empilhar algumas pedras no jardim, amarrar fitas de seda azul e branca (cores sagradas) e dedicar esse espaço como morada simbólica dos espíritos da terra e do céu cria um ponto focal de devoção. Essas estruturas, por menores que sejam, funcionam como âncoras espirituais. Ali se pode rezar, meditar, fazer oferendas ou simplesmente estar em silêncio. Algumas famílias se reúnem semanalmente ao redor do ovoo doméstico, reacendendo laços ancestrais, partilhando alimentos e invocando bênçãos para os membros da casa. O ovoo se torna, assim, não apenas um altar, mas um elo de pertencimento e continuidade.

O uso do tambor xamânico também tem sido resgatado em muitos contextos urbanos. Grupos de estudo e prática formados por descendentes de povos túrquicos e mongóis, bem como por interessados em espiritualidade natural, têm se dedicado à aprendizagem do batimento rítmico que induz estados alterados de consciência. O tambor não é visto como instrumento musical, mas como veículo de travessia. Ele conduz o praticante ao espaço sagrado, ao contato com o espírito animal protetor ou com as forças do mundo invisível. Através do som pulsante, o corpo entra em ressonância com o cosmos. Aqueles que aprendem a tocar o tambor de forma ritualística relatam vivências intensas de cura emocional, insights espirituais e uma profunda sensação de reconexão com algo maior que si mesmos.

Apesar de muitas práticas modernas serem adaptadas ao cotidiano urbano, há também um movimento crescente de retorno simbólico à natureza. Em várias regiões da Ásia Central e da Sibéria, praticantes organizam peregrinações a locais sagrados como lagos, montanhas ou florestas antigas. Nessas ocasiões, realizam-se cerimônias abertas, com participação coletiva. Oferendas são feitas aos quatro ventos, cânticos tradicionais são entoados, e celebra-se a comunhão com os espíritos locais. Essas experiências não apenas fortalecem a identidade espiritual, mas também criam redes de apoio entre praticantes que compartilham os mesmos valores. Em áreas mais afastadas da Mongólia, tais reuniões lembram as antigas festividades nômades, com barracas montadas, partilha de alimentos e dança em volta do fogo.

Há ainda os rituais de cura, que continuam sendo realizados, embora com nuances modernas. Xamãs urbanos, treinados por mestres tradicionais ou por linhagens familiares, atendem pacientes com problemas emocionais, espirituais ou psicossomáticos. Em muitos casos, esses rituais incluem defumação com ervas, uso de tambores e orações em línguas ancestrais. Pessoas que sofrem de ansiedade, depressão ou sensação de vazio encontram nesses encontros uma alternativa aos modelos ocidentais de tratamento. Para os xamãs, a doença é, muitas vezes, expressão de um desequilíbrio entre o indivíduo e as forças da natureza. Restaurar esse equilíbrio é o objetivo. O xamã não cura sozinho – ele invoca e coopera com os espíritos, atuando como canal e mediador.

Importante notar que o tengriismo moderno não se pretende religião exclusiva. Muitos de seus praticantes se identificam simultaneamente com outras tradições. Não é raro encontrar alguém que se declara muçulmano ou budista, mas que mantém práticas tengriistas em casa. Isso ocorre porque o tengriismo, em sua essência, não exige conversão, nem promessas de lealdade dogmática. Ele é uma prática espiritual aberta, inclusiva, centrada na vivência direta do sagrado na natureza e na ancestralidade. Por isso, muitos o consideram mais uma "cosmovisão" ou "modo de vida" do que uma religião formal. Essa fluidez o torna especialmente atraente num mundo marcado por hibridismos culturais e busca por autenticidade.

A internet desempenha papel decisivo nessa ressignificação contemporânea. Fóruns, grupos de redes sociais e canais de vídeo conectam praticantes espalhados pelo mundo, permitindo trocas de experiências, aprendizado e fortalecimento da identidade espiritual comum. Há vídeos ensinando a fazer ovoos domésticos, a entoar cânticos tradicionais, a usar ervas específicas em defumações. Também surgem livros e manuais de introdução ao tengriismo adaptados à realidade moderna, com linguagem acessível e enfoque prático. Essa democratização do conhecimento espiritual contribui para que a tradição se mantenha viva e evolua sem perder sua essência.

A juventude também tem aderido ao tengriismo de forma criativa. Festivais culturais com inspiração tengriista, que unem música moderna com temas espirituais, tornaram-se populares em cidades da Mongólia, Cazaquistão e Quirguistão. Nesses eventos, bandas tocam instrumentos tradicionais com arranjos contemporâneos, poetas recitam versos sobre o Céu Azul, e artistas visuais expõem obras que retratam divindades ancestrais e cenas míticas. Ao mesmo tempo, movimentos educacionais procuram incluir o tengriismo como parte do currículo histórico e cultural das escolas públicas, promovendo o orgulho étnico e o respeito à diversidade religiosa.

Mesmo fora da Ásia Central, há ocidentais que, tocados pela filosofia natural do tengriismo, incorporam elementos da tradição em suas vidas. Em países europeus e nas Américas, pequenos grupos celebram o solstício com rituais inspirados nos ovoos; praticantes de espiritualidades animistas veem no tengriismo um irmão distante, com quem compartilham uma origem comum. Essa abertura internacional não dilui a tradição – antes, amplia seu alcance e reitera seu valor universal. Afinal, a reverência ao céu, à terra e aos espíritos da natureza não é monopólio de um povo – é um anseio humano profundo.

A expansão contemporânea do tengriismo demonstra que a tradição não sobrevive apenas pela repetição de fórmulas antigas, mas por sua capacidade de ser sentida e reinventada em contextos diversos. A espiritualidade, nesse sentido, revela-se menos como um conjunto de prescrições e mais como um campo vivo de relações e experiências. O praticante moderno não busca copiar os antigos rituais com exatidão, mas evocar o mesmo espírito de presença, humildade e escuta que sustentava o vínculo com o Céu Eterno. Em um mundo saturado de distrações, o tengriismo oferece uma via silenciosa de reencontro com o que é essencial – não através da fuga do mundo moderno, mas da ressignificação de cada gesto, de cada sopro de vento, como um portal para o sagrado.

Ao se integrar a múltiplas realidades culturais, o tengriismo reafirma sua essência não como sistema fechado, mas como linguagem espiritual capaz de dialogar com diferentes formas de ser e crer. Essa maleabilidade o torna particularmente valioso em tempos marcados pela fragmentação identitária e pela busca por sentido. O que une os praticantes não é uma uniformidade de dogmas, mas uma percepção comum: a de que o universo está vivo, que tudo o que existe é interligado e que o humano, para viver plenamente, deve honrar essa teia de relações. Assim, seja através de um tambor tocado no coração da metrópole, de uma fita azul amarrada num galho seco, ou de uma palavra sussurrada ao céu antes do café da manhã, o espírito do tengriismo permanece intacto – pulsando com a mesma força das estepes de outrora.

Nesse reencontro entre o ancestral e o contemporâneo, o tengriismo ressurge não como relíquia de um tempo perdido, mas como presença viva e relevante. Ele oferece uma resposta serena ao tumulto moderno, lembrando que o sagrado não está distante, mas habita o cotidiano – basta reconhecê-lo. Ao devolver ao mundo sua sacralidade, o praticante contemporâneo do tengriismo não apenas preserva uma tradição, mas também transforma a si mesmo e os espaços que ocupa, criando pontes entre passado e futuro, entre céu e terra, entre o visível e o invisível.

Capítulo 28
Valores e Ética

Na tessitura invisível que sustenta o tengriismo, os valores e princípios éticos não se apresentam como mandamentos rígidos ou códigos escritos impostos de fora para dentro. Pelo contrário, eles emergem da vivência espiritual orgânica dos povos nômades, como expressão natural de uma cosmovisão em que o universo é compreendido como um organismo vivo e interconectado. O certo e o errado não são definidos por imposições externas, mas intuídos a partir da observação atenta da natureza, das relações humanas e das consequências dos próprios atos. O Céu Eterno, testemunha de tudo o que ocorre sob seu manto azul, é o espelho diante do qual cada um mede sua retidão.

Viver conforme Tengri significa, antes de tudo, viver em equilíbrio. O equilíbrio não é entendido aqui como simples ausência de conflito, mas como harmonia dinâmica entre as forças complementares da vida: céu e terra, homem e mulher, ação e contemplação, comunidade e indivíduo. Todo excesso é visto com desconfiança, porque desequilibra o fluxo da energia vital que sustenta o mundo. A avareza, a cobiça, a crueldade, o desrespeito aos mais velhos ou à natureza são considerados formas de transgressão contra a ordem cósmica. Já a generosidade, a coragem, a lealdade, o respeito e a gratidão são virtudes que mantêm o tecido do universo coeso e saudável.

A hospitalidade, por exemplo, não era um luxo ou uma escolha entre os povos da estepe – era uma obrigação sagrada. A vastidão inóspita exigia solidariedade: negar alimento ou abrigo a um viajante podia significar condená-lo à morte, e, por extensão, atrair a desaprovação dos espíritos. Receber bem, dividir o leite do rebanho, oferecer o fogo da tenda eram gestos esperados de qualquer pessoa honrada. Essa ética da partilha refletia o entendimento de que nada nos pertence completamente – tudo é dádiva temporária concedida por Tengri e deve circular. A riqueza, quando acumulada sem propósito comunitário, era vista como doença da alma. O verdadeiro prestígio estava na generosidade, não na posse.

Outro valor fundamental é a honra – conceito que vai muito além da reputação social. Honrar a palavra dada, manter fidelidade aos laços de sangue e aos aliados, agir com retidão mesmo quando ninguém está vendo: tudo isso compõe a imagem do ser humano íntegro aos olhos de Tengri. Em muitos relatos históricos, juramentos feitos ao Céu eram considerados invioláveis. Quebrá-los podia atrair maldições não apenas ao indivíduo, mas à sua linhagem inteira. A consciência de que a própria alma é moldada pelas ações e intenções, e que os ancestrais observam o comportamento dos vivos, gerava uma responsabilidade ética contínua. O bem e o mal não eram conceitos absolutos, mas estavam sempre relacionados ao impacto das ações no equilíbrio geral.

A reverência aos mais velhos e aos ancestrais reforça essa estrutura ética. Ouvir os conselhos dos anciãos, preservar a memória dos que vieram antes, manter viva a linhagem espiritual da família são atitudes que expressam humildade e reconhecimento. A sabedoria não é vista como produto exclusivo da razão ou do estudo formal, mas como fruto da experiência vivida e da conexão com o mundo invisível. Por isso, desprezar os mais velhos ou desonrar a própria origem era considerado sinal de decadência espiritual. Cada geração é guardiã de um elo na corrente sagrada que liga o passado ao futuro. Quebrar esse elo é trair a confiança de Tengri.

No convívio social, o tengriismo valoriza a justiça e a palavra como instrumentos de mediação. Os conselhos tribais, compostos por chefes e xamãs, resolviam disputas com base no diálogo e na observação dos sinais espirituais. A verdade não era apenas factual, mas carregava uma dimensão sagrada. Mentir deliberadamente era manchar a própria alma, pois significava tentar enganar também os espíritos e o Céu. Esse entendimento conferia grande peso às palavras. Falar exigia responsabilidade. Os contadores de histórias, os bardos e os xamãs desenvolviam uma eloquência impregnada de ética – sabiam que suas palavras moldavam a realidade, por isso cuidavam delas como se fossem sementes.

No relacionamento com os animais e a natureza, a ética tengriista revela uma sensibilidade rara nos tempos atuais. Cada ser vivo é dotado de espírito. Caçar, abater ou colher não são ações banais, mas momentos solenes que requerem consciência e respeito. O animal morto deve ser honrado, seu espírito aplacado com preces e gestos de gratidão. Desperdiçar partes do animal ou causar sofrimento desnecessário é considerado um insulto aos espíritos guardiões da espécie. Plantas medicinais são colhidas após pedidos formais à terra e com a certeza de que serão usadas com propósito benéfico. Não se retira nada sem dar algo em troca – seja uma oferenda, uma oração ou a promessa de não abusar.

Mesmo os fenômenos naturais – tempestades, secas, eclipses – são compreendidos como expressões de forças espirituais. Desrespeitar a natureza é desrespeitar o sagrado. Por isso, muitas práticas de sustentabilidade encontravam respaldo não em leis civis, mas em crenças espirituais: não derrubar árvores sagradas, não poluir rios, não caçar durante a gestação dos animais, respeitar os tempos de regeneração da terra. Essa ética ecológica, enraizada na espiritualidade, antecede em séculos qualquer conceito moderno de ecologia e se revela surpreendentemente atual diante das crises ambientais contemporâneas.

A ética também permeia a prática da guerra, inevitável na vida nômade. O guerreiro ideal não é o sanguinário, mas o protetor. Lutar por vingança pessoal ou pilhagem gratuita era condenável. O combate era justificado apenas quando motivado pela defesa da honra, da família ou da comunidade. Mesmo assim, era necessário consultar os xamãs, pedir sinais ao céu e garantir que a causa estivesse de acordo com a vontade de Tengri. Guerreiros contavam com bênçãos dos ancestrais, e após as batalhas, prestavam homenagens aos mortos, fossem amigos ou inimigos. Essa espiritualização da guerra não eliminava a violência, mas impunha limites morais e lembrava constantemente que o sangue derramado recaía sobre a alma de quem o derramava.

Nos tempos atuais, essa ética ancestral encontra formas renovadas de expressão. Em sociedades urbanizadas e conectadas digitalmente, muitos adeptos do tengriismo buscam resgatar os valores fundamentais adaptando-os à vida moderna. Ser honesto nos negócios, respeitar as diferenças culturais, cultivar laços familiares fortes, consumir de forma consciente, zelar pelo meio ambiente, ajudar o próximo sem esperar recompensa – tudo isso são formas contemporâneas de viver a ética de Tengri. Mais do que regras, são orientações que emergem do sentimento interior de conexão com o todo.

Importante destacar que, por não ter uma instituição religiosa formal, o tengriismo confia na consciência individual e na autorregulação espiritual. Cada pessoa é responsável por buscar seu alinhamento com o Céu, guiando-se pelo coração, pelos presságios e pelo ensinamento dos mais sábios. Não há infernos eternos nem juízos finais temidos – há sim a certeza de que tudo retorna, tudo se equilibra. Fazer o bem é, portanto, fazer bem a si mesmo. Viver com honra, em harmonia com os outros e com a natureza, é a única forma de permanecer em paz sob o olhar do Céu Eterno.

Essa confiança na consciência como bússola moral revela uma espiritualidade madura, em que o indivíduo é chamado a desenvolver discernimento e sensibilidade diante da vida. Não se trata de seguir normas por temor a castigos, mas de cultivar uma escuta profunda – ao mundo, aos ancestrais, aos sinais sutis do espírito. O silêncio, o sonho, o acaso que se repete, a palavra sábia de um ancião: tudo pode ser orientação. Viver eticamente, nesse horizonte, é estar afinado com uma frequência que não impõe, mas convida. O erro, quando ocorre, não exige penitência pública, mas reconhecimento sincero e esforço genuíno para restabelecer a harmonia. O perdão não é uma concessão, é uma necessidade do espírito para não carregar fardos desnecessários em sua caminhada.

É esse senso de responsabilidade livre que torna o tengriismo particularmente relevante num tempo em que muitos questionam as instituições e buscam espiritualidades mais autênticas. Ele não propõe um ideal inatingível, mas um caminho possível, humano, falível e sagrado ao mesmo tempo. Os valores surgem não para enquadrar, mas para guiar – como trilhas abertas pelo exemplo dos que vieram antes. Honrar os espíritos não exige perfeição, mas coerência. Não basta proclamar amor à natureza enquanto se consome sem consciência; não é suficiente falar em ancestralidade sem escutar os idosos da própria comunidade. O tengriista moderno é chamado a unir intenção e ação, palavra e gesto, em cada aspecto de sua vida.

Por isso, mais do que um código moral, o tengriismo oferece uma pedagogia do ser. Ensina que viver com respeito, coragem e generosidade é mais do que uma virtude – é uma maneira de manter o mundo respirando. E se cada ação ressoa no tecido invisível que nos conecta, então cada escolha, por menor que seja, carrega consigo o potencial de cura ou ferida. O Céu Eterno não julga com balanças, mas observa com constância. E sob esse olhar, a ética deixa de ser obrigação e se torna arte – a arte de viver em sintonia com tudo o que existe.

Capítulo 29
Identidade Espiritual

Na vastidão interior que se estende para além da carne e da história, há uma âncora invisível que prende o ser humano a algo maior, algo anterior ao nascimento e posterior à morte: essa âncora é a identidade espiritual. Para os povos que viveram sob o céu infinito das estepes, essa identidade não era um conceito abstrato ou uma filosofia distante – ela pulsava na vida cotidiana, nos cantos de guerra, nas rezas ao amanhecer, nos sussurros das montanhas e no cheiro do leite fervendo sobre o fogo sagrado. No tengriismo, reencontrar a identidade espiritual não é apenas recordar a fé dos antepassados; é redescobrir quem se é na totalidade, fundindo a linhagem de sangue, a terra de origem e o cosmos em uma única voz interior.

Durante séculos, essa voz foi abafada por impérios, invasões, doutrinas externas, conversões forçadas e políticas de assimilação. As tradições xamânicas foram marginalizadas, os nomes antigos substituídos por designações alheias, e os rituais de conexão com o céu e a terra silenciados ou ridicularizados. No entanto, mesmo nos períodos mais sombrios, a centelha da identidade espiritual não se extinguiu completamente. Ela persistiu nos mitos contados por avós, nos gestos automáticos de reverência à montanha, no respeito instintivo aos animais e nas lágrimas silenciosas derramadas diante do céu estrelado. O tengriismo sobreviveu como memória encarnada – um corpo espiritual coletivo à espera de reanimação.

    Quando a repressão diminuiu e as comunidades começaram a revisitar seu passado, muitos perceberam que algo essencial havia sido esquecido. Não se tratava apenas de rituais ou deuses antigos, mas de uma maneira de estar no mundo, uma forma de enxergar a vida e a morte, o tempo e o espaço. Esse despertar espiritual tem se manifestado em diversos níveis – do político ao pessoal. Intelectuais passaram a defender a valorização das raízes culturais; artistas começaram a explorar símbolos tengriistas em suas obras; famílias redescobriram histórias que pareciam adormecidas. Mas mais profundamente, indivíduos começaram a sentir um chamado interior para algo que não sabiam nomear, mas que ressoava com uma ancestralidade mais profunda que a genética.

    Assumir uma identidade espiritual tengriista hoje é um gesto de coragem e de amor. É dizer não à homogeneização imposta pelas religiões institucionalizadas e pelos modelos culturais globalizantes. É afirmar que existe uma alma coletiva que não pode ser apagada, e que essa alma tem voz, tem cheiro, tem ritmo. Em alguns casos, isso se manifesta por meio da adoção de nomes tradicionais, resgate de vestes cerimoniais, uso de runas antigas em tatuagens ou amuletos. Em outros, é uma mudança interna mais sutil: uma forma de rezar silenciosamente ao céu, uma escuta atenta às intuições que vêm do vento, uma reverência ao nascer do sol como reencontro com o mistério.

Essa identidade espiritual, no entanto, não se limita a uma etnicidade ou a um território. Embora enraizada nas culturas túrquicas e mongólicas, ela transcende fronteiras geográficas. Muitos descendentes da diáspora – vivendo na Europa, América ou outras partes do mundo – descobriram no tengriismo uma ponte para reconectar-se com um sentido de pertencimento perdido. Outros, mesmo sem vínculos de sangue com os povos nômades, sentem-se atraídos por essa espiritualidade por reconhecer nela um espelho de seus próprios anseios: liberdade, reverência pela natureza, conexão direta com o sagrado, comunhão com os ancestrais. O tengriismo, nesse sentido, oferece um arquétipo universal de identidade espiritual que acolhe tanto os filhos da estepe quanto os órfãos modernos de tradições.

Há ainda um aspecto terapêutico na reconquista dessa identidade. Em um mundo cada vez mais fragmentado, com indivíduos desorientados por crises existenciais, pertencer a algo maior que o ego se torna uma necessidade vital. A identidade espiritual tengriista oferece não apenas sentido, mas direção. Ela diz: "Você não está sozinho. Você é parte de uma linhagem, de uma terra, de um céu. Seus passos ecoam os passos dos seus ancestrais. Sua voz é continuação de cantos antigos. Sua dor e sua alegria têm lugar no círculo sagrado da vida." Essa mensagem não é dogma, mas consolo profundo.

A simbologia dessa identidade é rica e viva. A cor azul do céu, o som grave do tambor xamânico, o arco de luz no horizonte ao amanhecer, o balido dos rebanhos ao longe, o nome de um rio que guarda memórias de ritos esquecidos – tudo isso compõe uma gramática espiritual que comunica com o coração. Reassumir essa linguagem é reconectar-se com uma memória profunda, que talvez nunca tenha sido realmente perdida, apenas adormecida. É como voltar a ouvir uma canção que, sem saber, sempre esteve em nossa alma.

Importante notar que essa identidade espiritual não exige exclusividade. Muitos que hoje se reconhecem tengriistas continuam a frequentar mesquitas, igrejas ou templos budistas. O tengriismo não exige renúncia, apenas verdade. Ele convida a integrar, a reconciliar, a reconhecer que por trás de muitas formas há uma mesma essência: a busca por conexão, sentido e beleza. Assim, ele não entra em conflito com outras crenças, mas as ilumina a partir de um ponto de vista ancestral. Um muçulmano que entende Tengri como o rosto cósmico de Allah, um budista que vê nos rituais tengriistas expressões do dharma natural, um cristão que reconhece no céu eterno o mesmo Deus criador – todos eles podem beber dessa fonte sem medo de heresia.

Em tempos de crise de identidade e excesso de ruído, a identidade espiritual tengriista oferece silêncio e presença. Silêncio para escutar os sussurros do invisível; presença para habitar plenamente o corpo, a terra, o tempo. Ela não se impõe por força, mas se revela pela beleza. Ela não compete, mas convida. Ela não fecha portas, mas abre caminhos – não para fora, mas para dentro. E nesse mergulho interior, o indivíduo reencontra não apenas os deuses do céu e da terra, mas também sua própria face verdadeira.

Essa redescoberta, quando coletiva, tem implicações ainda maiores. Povos inteiros, ao retomarem sua espiritualidade nativa, reconquistam autoestima, dignidade e voz. O tengriismo se torna, então, não apenas uma religião, mas um movimento de cura histórica. Ele devolve aos povos turcomongóis a possibilidade de contar sua própria narrativa, não mais a partir do ponto de vista de quem os colonizou ou os tentou converter, mas a partir de seus próprios mitos, seus próprios valores, seu próprio ritmo. E ao fazer isso, mostram ao mundo que é possível ser moderno sem ser amnésico, ser global sem ser genérico, ser espiritual sem ser alienado.

Ao restaurar essa identidade espiritual, não se trata apenas de um retorno às raízes, mas de um renascimento que atualiza o passado sem engessá-lo. O tengriismo, ao se oferecer como caminho vivo, permite que cada indivíduo se reconecte com sua essência sem necessidade de negar as complexidades do presente. É uma espiritualidade que respira com o tempo, que aceita a pluralidade do mundo moderno, mas não abre mão da profundidade ancestral. A identidade espiritual, nesse contexto, torna-se uma bússola que aponta para dentro, mesmo quando os ventos do mundo sopram em direções contrárias. E ao seguir essa direção íntima, o ser humano encontra solidez num mundo de impermanências.

Essa solidez, no entanto, não se manifesta como rigidez, mas como centro. Um centro a partir do qual se pode caminhar com liberdade, dialogar com o outro sem medo de se perder, amar sem se fragmentar. A espiritualidade tengriista não precisa se afirmar pela negação do diferente, porque está firmemente enraizada no que é essencial. Por isso, ela floresce sem pretensões de supremacia, e justamente por isso toca tantos corações. É possível que alguém descubra sua identidade espiritual não entre tambores ou cânticos, mas na contemplação silenciosa de uma árvore ou na lembrança repentina de um nome ancestral esquecido. O reconhecimento não depende da forma – ele é ato de presença.

Talvez, no fim das contas, o que o tengriismo ensina sobre identidade espiritual seja a arte de lembrar quem se é sem precisar se opor a ninguém. Ser inteiro, ser verdadeiro, ser parte – do céu, da terra, da história e do porvir. Essa é a herança que os povos das estepes legaram ao mundo: a certeza de que a alma tem território, tem voz e tem propósito. E quando essa alma desperta, mesmo que em tempos distantes e terras estranhas, ela traz consigo um sopro de eternidade que transforma tudo ao redor. O céu azul permanece, silencioso e vasto, como testemunha e guardião de cada reencontro.

Capítulo 30
Conexão Sagrada

Sob o manto sereno do céu azul, onde o vento dança entre as colinas e os ecos antigos reverberam pelas montanhas, existe uma ligação invisível e eterna que une todos os seres. Essa ligação não é uma crença imposta, tampouco uma estrutura teológica construída por eruditos. Ela é uma vivência que pulsa no âmago da espiritualidade tengriísta: a conexão sagrada. Uma forma de estar no mundo que transcende o racional, que não depende de textos sagrados nem de hierarquias religiosas, mas nasce da intimidade entre o espírito humano e o cosmos que o circunda. A conexão sagrada é a ponte silenciosa que liga o coração ao céu, os pés à terra, e a alma ao sopro divino que permeia todas as coisas.

No tengriísmo, essa conexão é inata. Não é algo que se aprende ou se conquista, mas algo que se reconhece. Desde os primeiros passos de um nômade sobre a relva úmida da estepe, o mundo ao seu redor sussurra sua sacralidade. Cada elemento – o fogo que aquece, a água que sacia, a montanha que observa, o céu que envolve – é percebido como parte de um grande organismo vivo, uma teia de relações espirituais que sustenta o equilíbrio universal. O ser humano, nesse contexto, não é senhor da criação, mas filho dela. E sua missão mais profunda é lembrar-se disso a cada dia, a cada gesto, a cada pensamento.

Essa lembrança se dá por meio de rituais simples e poderosos. Jogar leite ao céu ao amanhecer não é apenas uma tradição cultural – é um ato de gratidão e reverência. Amarrar fitas azuis nas árvores não é folclore – é reconhecer que ali habita um espírito que merece respeito. Sentar-se em silêncio diante de uma fogueira não é apenas descanso – é meditação viva, é escuta do invisível. Esses gestos, pequenos na aparência, são imensos em significado. Eles tecem, fio a fio, a conexão sagrada entre o indivíduo e o universo. Eles resgatam o que foi esquecido: que a espiritualidade verdadeira não se grita, se sussurra. Não se impõe, se compartilha.

Há uma poética imanente nessa forma de espiritualidade. A conexão sagrada no tengriismo não exige templos – pois a cúpula do céu é o maior deles. Não demanda sacerdotes – pois cada ser é capaz de dialogar diretamente com os espíritos. Ela não se limita a um dia da semana ou a uma estação do ano – mas se manifesta no cotidiano, no respirar, no andar, no olhar atento. Está na maneira como se trata um animal, na forma como se colhe uma planta, no respeito ao silêncio das madrugadas. E, sobretudo, está na consciência de que cada ação humana reverbera no tecido do cosmos – podendo reforçar ou romper os laços sagrados que nos unem a tudo o que vive.

Para os praticantes modernos do tengriismo, essa conexão sagrada tem ganhado novos contornos. Em meio ao concreto das cidades e ao ruído da tecnologia, há um esforço consciente de resgatar essa relação espiritual com o mundo. Muitos encontram na natureza urbana – uma árvore solitária, uma chuva repentina, o voo de um pássaro – pontos de contato com o invisível. Outros buscam parques, florestas ou montanhas nos fins de semana não apenas como lazer, mas como peregrinação silenciosa. E há ainda os que, mesmo em apartamentos apertados, acendem velas, mantêm altares com pedras, ervas, fotos de ancestrais, criando microcosmos de sacralidade onde antes havia apenas vazio. Nesses gestos, o espírito ancestral do tengriismo se manifesta em novas formas – adaptado, mas vivo.

A conexão sagrada também tem um profundo aspecto psicológico. Em tempos de ansiedade, solidão e fragmentação, ela oferece um antídoto eficaz. Ao reconectar-se com o mundo natural e espiritual, o indivíduo redescobre sua própria inteireza. Sente-se parte de algo maior, guiado por forças que não se veem, mas se sentem. Muitos relatam experiências místicas diante do céu estrelado – uma sensação de plenitude, de pertencimento cósmico, de paz interior que nenhuma explicação racional consegue conter. Esse estado de consciência expandida, comum em práticas xamânicas, não é delírio, mas reencontro com a dimensão sagrada da existência. É o retorno ao centro.

No tengriismo, não há separação entre o sagrado e o profano. Tudo é sagrado – se for vivido com consciência. A alimentação, o sono, o trabalho, a sexualidade, a criação de filhos, o envelhecer – todos os ciclos da vida são partes de uma grande cerimônia cósmica. E a conexão sagrada se expressa justamente nessa integração: não é preciso fugir do mundo para encontrar o divino. Ele está aqui, agora, no cheiro da terra molhada, no barulho do vento entre as folhas, no toque de uma mão amiga. Reconhecer isso é despertar. Viver isso é honrar o legado dos antepassados.

A transmissão dessa espiritualidade não se dá por doutrinação, mas por exemplo. Uma criança que vê seus pais jogando leite ao céu, que cresce ouvindo histórias de espíritos da montanha, que aprende a pedir permissão à árvore antes de cortar um galho – essa criança internaliza a sacralidade do mundo. E mesmo que a vida urbana a afaste momentaneamente disso, a semente da conexão sagrada estará plantada em sua alma, pronta para florescer quando chegar o tempo. O tengriismo, assim, perpetua-se não por estruturas institucionais, mas por gestos vivenciais, por memória corporal, por afeto ritual.

Importante notar que essa conexão não é apenas com o visível. Ela se estende aos ancestrais, aos espíritos dos mortos, aos protetores invisíveis que habitam os planos sutis. Para os tengriistas, os antepassados não morreram – apenas mudaram de morada. Eles acompanham os vivos, guiam, protegem, ensinam. E manter essa ligação viva – por meio de preces, oferendas, lembranças – é manter viva também a própria identidade. A conexão sagrada, portanto, é também uma ponte entre tempos. Une o passado ao presente, e prepara o terreno para o futuro.

Há um ensinamento silencioso, porém poderoso, no modo como os antigos mongóis ou túrquicos encaravam o céu. Eles o chamavam de Tengri – mas não o representavam com imagem alguma. O céu era o próprio rosto de Deus, nu, infinito, azul. Olhar para ele era uma oração. E isso nos lembra que a conexão sagrada não precisa de intermediações. Está no olhar atento, no coração aberto, na presença plena. Está no silêncio que escuta e na palavra que abençoa. Está, sobretudo, na humildade de reconhecer que somos poeira e estrela ao mesmo tempo – pequenos diante do universo, mas indispensáveis à sua harmonia.

Hoje, ao caminhar por entre ruínas de culturas extintas ou templos abandonados, é possível sentir que a verdadeira espiritualidade não morre. Ela apenas muda de vestes, de linguagem, de morada. O tengriismo, ao oferecer a experiência direta da conexão sagrada, mostra que não é preciso reconstruir grandes estruturas para viver o sagrado. Basta reaprender a ouvir. Basta lembrar. Basta se reconectar com a terra, com o céu, com a chama ancestral que ainda queima silenciosa dentro de cada ser humano.

Esse ato de reconexão, quando vivido com sinceridade, devolve ao cotidiano um brilho que a pressa moderna costuma apagar. Cada instante pode se tornar rito, cada lugar pode ser altar. A sacralidade não está nos objetos em si, mas no olhar que os consagra. A criança que brinca no barro, o ancião que contempla o entardecer, a mulher que canta ao preparar o alimento – todos participam de uma liturgia invisível, onde o mundo inteiro se torna um templo vivo. O tengriismo nos recorda que não há distância entre o espírito e a vida; que a espiritualidade autêntica não é exceção, mas permanência. E que o divino se revela, sobretudo, na inteireza dos pequenos gestos.

Com essa compreensão, a existência se transforma. A conexão sagrada não exige isolamento ou ascetismo, mas presença radical. Ela não se alcança fugindo das responsabilidades humanas, mas integrando-as à consciência do sagrado. Ser filho do céu e da terra implica viver com responsabilidade amorosa: cuidar, proteger, agradecer. O vínculo com o invisível não afasta da matéria – ao contrário, faz dela um canal de expressão espiritual. E assim, tocar a terra pode ser bênção. Cuidar de alguém pode ser oração. Trabalhar com dedicação pode ser oferenda. A vida deixa de ser um fardo e se torna dádiva – quando se vive com a alma desperta para o mistério que tudo permeia.

A conexão sagrada, enfim, é menos um caminho a ser trilhado e mais um estado a ser lembrado. É retorno ao que sempre esteve presente, mesmo quando esquecido. No silêncio interior, nas memórias que afloram sem razão, no impulso súbito de contemplar o céu – ali mora o chamado. E atender a esse chamado não requer credenciais ou mestres, apenas entrega. O tengriismo, com sua sabedoria ancestral, nos convida a viver de forma sagrada sem separar o espiritual do humano. A tecer, com o fio da consciência, uma ponte entre o que somos e o que sempre fomos. Sob o Céu Eterno, tudo está unido – e lembrar disso é, talvez, o mais alto dos rituais.

Capítulo 31
Ressignificação Moderna

À medida que as areias do tempo deslizam silenciosas pelas vastas estepes da história, o tengriismo – essa antiga e vital espiritualidade dos povos túrquicos e mongóis – não desaparece. Ele se transforma. Não se apaga sob os ventos modernos, mas ressurge em novas formas, como brasas que persistem sob as cinzas do esquecimento. E nessa ressurreição silenciosa, o processo de ressignificação ganha contornos cruciais. A sabedoria ancestral não é deixada para trás; ela é transcrita, adaptada, reinterpretada, como se os antigos cantos ganhassem novos instrumentos. O século XXI, com sua velocidade vertiginosa e desafios existenciais inéditos, exige esse movimento de recriação do sagrado, e o tengriismo responde com uma surpreendente vitalidade.

Ressignificar, neste contexto, não é deturpar. É traduzir. É pegar os símbolos de ontem e dar-lhes novos contornos sem lhes tirar a essência. Um ovoo erguido na montanha continua sendo um ponto de conexão com os espíritos – mas pode agora se aliar a uma causa ecológica, como símbolo de proteção da natureza. Um tambor xamânico, antes ferramenta de transe, se torna também instrumento terapêutico em sessões de cura emocional contemporânea. Os deuses celestes e espíritos da terra não precisam ser encarados como seres literais para que sua mensagem toque fundo. Eles podem ser arquétipos, forças da psique, metáforas vivas. O espírito da montanha pode ser tanto uma entidade invisível quanto a expressão simbólica da imponência, da estabilidade, da ancestralidade da própria paisagem.

Essa plasticidade do tengriismo é sua maior força. Ao contrário de sistemas dogmáticos que exigem ortodoxia, ele se permite a fluidez. Um jovem cazaque de alma científica pode olhar para Tengri e ver o cosmos, o campo quântico, a ordem universal. Uma mulher urbana da Mongólia pode ver em Umay não uma deusa, mas a representação de sua intuição materna, da força que protege seus filhos no caos da cidade. Assim, a antiga fé não se fossiliza – ela pulsa nas entrelinhas da vida moderna, como um rio subterrâneo que irrompe onde menos se espera.

A linguagem também participa desse renascimento simbólico. Termos ancestrais são resgatados, mas com novas nuances. Palavras como "kut", "sülde", "tör" ganham espaço em conversas, blogs, músicas e até discursos políticos, não como relíquias etnográficas, mas como palavras-vivas que nomeiam experiências íntimas. Há quem chame sua energia vital de "kut" em vez de "alma" ou "espírito". Há quem se refira à sua dignidade pessoal como "tör", evocando os antigos códigos morais do clã. Esse vocabulário simbólico devolve uma densidade espiritual à existência cotidiana. Falar desses termos é também invocar uma memória coletiva que ainda vibra, mesmo sob camadas de modernidade globalizada.

O campo educacional, por sua vez, oferece uma arena promissora para a ressignificação do tengriismo. Escolas na Mongólia, no Cazaquistão e na Buriácia têm incluído em seus currículos elementos da mitologia e espiritualidade nativas. Professores explicam o significado dos rituais, contam lendas ancestrais, e promovem visitas a sítios sagrados. Mas o fazem de modo a integrar, não excluir. Tengri não é apresentado como alternativa exclusiva às religiões estabelecidas, mas como parte do patrimônio espiritual e identitário dos povos. Com isso, gerações que cresceram alienadas de suas raízes começam a enxergar nelas não atraso, mas força. E sentem orgulho do céu azul que seus antepassados adoravam – não como nostalgia, mas como reconhecimento.

Nas artes, o processo é ainda mais intenso. Músicos mesclam batidas eletrônicas com cantos guturais xamânicos, criando um som que vibra entre o passado e o futuro. Cineastas retomam narrativas heroicas onde os protagonistas ouvem presságios nos ventos e fazem oferendas ao fogo antes da batalha. Pintores retratam os deuses celestes com traços modernos, reinterpretando suas feições conforme os dilemas do presente. E escritores, especialmente os poetas, têm resgatado o vocabulário espiritual tradicional como fonte de inspiração existencial. Em suas palavras, o céu não é apenas cenário – é personagem, é testemunha, é juiz silencioso.

Nas cidades, grupos de jovens se reúnem para realizar cerimônias tengriistas – mas com inovações. Às vezes não há um xamã tradicional presente, e sim um facilitador que estudou as práticas ancestrais e as adapta com respeito. O tambor é tocado ao lado de computadores. As fitas azuis são amarradas não em árvores sagradas, mas em varandas de concreto. E mesmo assim, o espírito se manifesta. Porque o essencial permanece: a intenção sincera de reconexão, a gratidão silenciosa ao céu, a reverência à terra. É aí que se revela o poder do tengriismo – sua capacidade de se moldar ao contexto sem perder o núcleo vibrante.

Não se pode ignorar que essa ressignificação moderna levanta debates. Alguns críticos acusam os praticantes urbanos de "diluir" a tradição, transformando o sagrado em espetáculo ou terapia de boutique. Outros, mais conservadores, rejeitam qualquer adaptação e clamam por um retorno "puro" aos rituais arcaicos. Mas o tempo mostra que é justamente a adaptação que garante a sobrevivência. O tengriismo que floresce hoje não é uma cópia do passado, mas sua continuidade dinâmica. Ele incorpora, transforma e integra. Não se fecha em dogmas, mas se abre a interpretações. E nesse movimento, ele educa – não pela imposição, mas pelo encantamento.

A ciência, longe de ser inimiga, também encontra pontos de contato com essa espiritualidade renovada. Estudos sobre saúde holística, psicologia transpessoal e neurociência da meditação reconhecem os benefícios de práticas inspiradas no xamanismo. A batida rítmica do tambor, por exemplo, tem efeitos comprovados na sincronização cerebral. Os rituais de gratidão reduzem o estresse. O contato com a natureza melhora a saúde mental. Assim, o que os antigos sabiam por vivência, a ciência confirma por experimentação. E isso não esvazia o mistério – apenas amplia a consciência.

A tecnologia, que parece inicialmente oposta ao espírito ancestral, também pode servir de veículo. Redes sociais têm se tornado espaços de difusão de ensinamentos tengriistas. Vídeos explicam mitos, podcasts entrevistam xamãs, aplicativos marcam datas de celebração do solstício. Há até jogos eletrônicos com enredos baseados na cosmologia turcomongol. Isso atrai os jovens, que se sentem parte de algo antigo e novo ao mesmo tempo. É um casamento improvável, mas possível: ancestralidade e inovação. O céu eterno encontra seu reflexo nas telas digitais – não como substituto, mas como eco.

A ética tengriista também encontra expressão em causas modernas. Grupos ambientais inspirados no respeito aos espíritos da natureza lutam contra a destruição de florestas e rios. Movimentos indígenas e culturais promovem a valorização dos saberes ancestrais, em parte alimentados pelo renascimento espiritual. E há até tentativas de integrar o tengriismo a propostas de governança ética – com líderes evocando valores como a palavra honrada, a hospitalidade, o senso de coletividade. O velho ideal de governar em nome do Céu, como faziam os cãs legítimos, ressurge em discursos de responsabilidade ecológica e justiça social.

O tengriismo moderno, portanto, não é uma religião no sentido ocidental. Ele é uma espiritualidade em constante ressignificação. Um tecido simbólico que se expande conforme as necessidades da alma contemporânea. Ele não exige fé cega, mas convida à experiência. Não impõe dogmas, mas inspira perguntas. E talvez por isso esteja ressurgindo com tanta força — porque o mundo atual, saturado de certezas, anseia por sentido. E esse sentido, como sabiam os antigos, pode ser encontrado no vento que sopra do leste, no fogo que dança em silêncio, no céu que nunca deixou de olhar por nós.

Essa força de ressignificação se manifesta, acima de tudo, na maneira como o tengriismo toca as vidas individuais, despertando memórias que não são apenas pessoais, mas coletivas, profundas, muitas vezes inexplicáveis. Não se trata de uma simples retomada de costumes, mas de um movimento interior que busca restaurar o elo entre o ser humano e o mistério. Cada adaptação feita com reverência não diminui a tradição — ela a renova, permitindo que a essência permaneça viva onde quer que esteja. O sentido sagrado, tão caro ao espírito tengriista, não mora nas formas fixas, mas na capacidade de escutar o invisível e responder a ele com autenticidade. E é por isso que, mesmo nos ambientes mais urbanizados, essa espiritualidade continua florescendo com força e coerência.

Ao mesmo tempo, esse renascimento espiritual moderno não apaga os desafios. Há tensões naturais entre tradição e inovação, entre o anseio por pureza e a necessidade de evolução. Mas o que o tengriismo demonstra é que a fidelidade à origem não está em preservar cada detalhe, e sim em manter vivo o sopro que anima o todo. Esse sopro é o que leva jovens a batucar tambores em apartamentos, o que inspira professores a contar lendas esquecidas, o que guia ativistas a lutar por rios e florestas como se lutassem pela própria alma. Ressignificar, portanto, é um ato de coragem espiritual — é crer que o sagrado pode renascer, mesmo quando parece soterrado sob ruídos e concretos.

    Na vastidão de um mundo em transformação, o tengriismo ressurge não como relíquia, mas como resposta. Ele não busca vencer disputas religiosas nem ocupar espaços de poder institucional. Ele oferece uma forma de escuta, uma ética de pertencimento, uma espiritualidade que se molda ao tempo sem se curvar a ele. E enquanto houver quem olhe para o céu e sinta um chamado, quem toque a terra com reverência, quem ouça um tambor e sinta o coração alinhar-se ao ritmo do cosmos — o tengriismo continuará, ressignificado, mas inteiro, como um sopro antigo que se reconhece no futuro.

Capítulo 32
Sabedoria Ancestral

Muito além de qualquer doutrina escrita, a essência do tengriismo reside em uma sabedoria viva, que atravessa gerações como uma melodia ancestral, silenciosamente transmitida entre as batidas do tambor, os cantos murmurados ao vento e as decisões tomadas à sombra de uma árvore sagrada. Essa sabedoria não se pretende sistematizada, nem se impõe por dogmas — ela existe como um campo de presença, um solo fértil onde cada gesto cotidiano carrega um ensinamento, e onde a Terra, o Céu, os espíritos e os antepassados falam por meio de símbolos, sinais e ritmos. Essa forma de saber, por vezes ignorada ou subestimada, é justamente a que mais escapa à erosão do tempo: uma sabedoria sutil, mas resistente, que sobreviveu à invasão de impérios, às conversões religiosas forçadas e à modernidade corrosiva.

A sabedoria ancestral do tengriismo não começa com um profeta nem com um livro. Ela começa com o olhar atento do caçador que entende o movimento do vento e o silêncio da presa; com o ouvido do pastor que distingue na voz do gado sinais de contentamento ou alarme; com a mãe que observa o céu antes de parir, confiando que a criança nasça sob bons presságios.

Começa com o gesto do velho que derrama leite ao solo ao amanhecer, honrando a Mãe Terra, e com a criança que aprende que o fogo não é apenas calor, mas espírito. São essas práticas que moldam um saber que não se ensina em escolas, mas que se grava no corpo, nos sentidos, no coração. Um saber que é mais respirado do que aprendido.

Dentro desse arcabouço invisível de ensinamentos, os antigos distinguiam vários tipos de alma — cada uma com seu papel e destino. Saber qual alma adoeceu ou se afastou era tão importante quanto diagnosticar uma febre. Era essa visão plural do ser que ensinava que não se pode tratar o corpo sem tocar o espírito, nem cuidar da mente sem reconciliar-se com os antepassados. Sabedoria, no tengriismo, é alinhar as múltiplas camadas do ser: o nefes (sopro), o sülde (alma da identidade), o kut (força vital) e o espírito que vagueia em sonhos. Cada termo ancestral carrega séculos de observação da natureza humana, condensada em mitos e metáforas. E é por meio desses mitos — jamais encerrados, sempre abertos ao símbolo — que os povos da estepe compreenderam sua relação com o cosmos.

A cosmovisão tengriista propõe que o universo está em constante diálogo consigo mesmo. Os três mundos — o superior, o médio e o inferior — não são compartimentos estanques, mas dimensões permeáveis, ligadas por raízes e galhos de uma Árvore do Mundo que também cresce dentro do ser humano. Essa árvore simbólica, cujas raízes tocam os espíritos do submundo e cuja copa se ergue até as esferas celestiais, é um mapa interno. Nela se aprende que o equilíbrio não se conquista negando as profundezas nem se alcança apenas mirando as alturas. A verdadeira sabedoria está em saber subir e descer, como o xamã que viaja entre os mundos para trazer cura. A imagem do xamã que dança em volta do fogo é, nesse sentido, um arquétipo de integração: ele não foge do mundo, mas mergulha nele, para reintegrar o fragmentado, recolher o que foi perdido, restaurar a harmonia.

Essa sabedoria também se revela na linguagem. Provérbios antigos — transmitidos como cantigas, refrões ou advertências — encapsulam lições de sobrevivência, respeito e compaixão. Diziam os anciãos: "Não corte a árvore que te dá sombra", ou "O cavalo não ri da montanha que caiu, pois amanhã ela pode se levantar". Essas frases, aparentemente simples, carregam ecos de uma ética profunda, enraizada na reciprocidade. A floresta protege quem a respeita. O rio devolve a quem não o suja. O animal que se entrega ao caçador é lembrado, não esquecido. Viver bem, nesse universo simbólico, é viver em relação — com os seres visíveis e invisíveis, com os vivos e com os que se foram. Por isso, os rituais de oferenda não são meras formalidades, mas gestos de gratidão e equilíbrio cósmico.

Há, também, uma sabedoria terapêutica inscrita nas práticas xamânicas. A noção de que traumas espirituais se manifestam como doenças físicas ou psíquicas é milenar no tengriismo, muito antes da psicologia moderna formular o conceito de "somatização". O xamã, ao sugar um "objeto intruso" do corpo de um enfermo ou ao devolver sua alma perdida após um susto, realiza um tipo de cura simbólica que ainda hoje ressoa com as práticas da psicologia transpessoal ou da medicina energética. Há registros de sessões em que pacientes modernos, mesmo sem compreender a cosmologia tengriista, experimentam alívio profundo ao participar desses rituais. Isso porque a linguagem simbólica acessa áreas da consciência que a razão não alcança. A alma, como sabiam os antigos, responde melhor a cantos do que a argumentos.

A sabedoria ancestral do tengriismo também se manifesta na relação com o tempo. O tempo, para o nômade espiritual, não é linear. Ele é cíclico, espiralado, sazonal. Cada estação traz um ensinamento: a primavera renova, o verão celebra, o outono prepara e o inverno recolhe. Viver segundo esse tempo é aprender a escutar os ritmos da natureza e os ritmos internos. Há tempo de plantar e tempo de não plantar; tempo de falar e tempo de calar; tempo de agir e tempo de ouvir. Esse saber rítmico é vital em uma era onde tudo é urgência. O tengriismo ensina a pausa, o rito, o intervalo sagrado. E, por isso, ao resgatar sua sabedoria, resgatamos também uma outra forma de habitar o tempo — mais conectada, mais respeitosa, mais inteira.

Os mitos, nesse processo, não são meras histórias antigas. Eles são pedagogias simbólicas. O mito de Erlik, que desce aos mundos inferiores e tenta roubar a criação de Ulgen, é uma narrativa de ambivalência e aprendizado: o mal não é apenas punição, mas também mestre. A história da loba azul que guia os antepassados turcos da destruição ao renascimento é um relato sobre resiliência, maternidade e direção interior. Esses mitos, contados ao redor do fogo por gerações, não são fantasia — são mapas da alma. E quando alguém moderno ouve, lê ou vivencia essas histórias em um ritual ou performance, algo se reativa. É como se a memória profunda da espécie — aquela que nos conecta à Terra — despertasse.

Hoje, universidades e centros de pesquisa começam a reconhecer essa sabedoria ancestral não mais como folclore, mas como sistema complexo de conhecimento. Antropólogos, psicólogos e filósofos redescobrem no tengriismo chaves para compreender a espiritualidade pré-moderna e, paradoxalmente, caminhos para o futuro. Porque há uma verdade cada vez mais clara: o progresso técnico não basta. Precisamos de horizontes espirituais. E as tradições ancestrais, como o tengriismo, não oferecem apenas conteúdo religioso — oferecem ontologias, modos de ser, perspectivas sobre a vida que desafiam o paradigma dominante.

O retorno a essa sabedoria, no entanto, exige mais do que estudo. Exige escuta. Exige que o mundo moderno silencie por um instante seus ruídos de eficiência e resultados, e se permita escutar o sussurro do fogo, o balançar da árvore, o voo do falcão. Essa escuta é a porta para o que os antigos chamavam de "voz do Céu". E embora não se possa provar essa voz, quem a ouve sabe que ela existe. É a voz que diz: você faz parte. Você está conectado. Você tem um lugar no círculo da vida.

Essa escuta, quando cultivada com humildade, torna-se um portal para uma outra forma de conhecimento — mais intuitiva, mais experiencial, menos ansiosa por controle. A sabedoria ancestral do tengriismo não pede que se compreenda tudo, mas que se esteja presente. Que se caminhe com respeito, que se fale com intenção, que se ouça com o corpo inteiro. Em tempos de fragmentação e hiperconexão vazia, essa sabedoria reaparece como um remédio silencioso, uma lembrança da inteireza. Os que se permitem tocá-la redescobrem que aprender não é acumular, mas despertar. E que há um saber que só se revela na relação: com os elementos, com os outros, com o invisível.

Nesse movimento, o resgate da sabedoria ancestral não significa retorno ao passado como museu, mas como fonte. É um mergulho nas raízes para florescer com autenticidade no presente. Jovens que se aproximam do tengriismo muitas vezes o fazem em busca de identidade, mas acabam descobrindo também um senso de direção e pertencimento que transcende o individual. E é nesse ponto que a sabedoria dos antigos se confirma viva: ela não dita caminhos prontos, mas orienta a olhar o céu, a sentir o chão, a reconhecer os sinais e decidir com o coração alinhado ao cosmos. Isso não pode ser ensinado em fórmulas — mas pode ser vivido. E, quando vivido, transforma.

A sabedoria ancestral do tengriismo nos recorda que ser sábio não é acumular respostas, mas cultivar presença. Que honrar os ancestrais é também transformar o mundo de modo que eles o reconheceriam como digno. Que ouvir a "voz do Céu" não é privilégio de poucos, mas direito e responsabilidade de todos os que respiram sob ele. Em um mundo cada vez mais ávido por soluções rápidas, essa tradição ancestral nos oferece algo mais profundo: um modo de ser que não separa o saber do sentir, nem o humano do sagrado. E talvez seja isso que mais precisamos agora — não mais conhecimento, mas sabedoria. E essa, como os antigos sabiam, nasce do silêncio, da escuta e do caminhar com o Céu e a Terra no coração.

Pois como diziam os anciãos da estepe, "o saber do céu não se escreve – ele se respira". E respirá-lo, hoje, é uma forma de resistir, de lembrar e de renascer. Sob o mesmo céu azul.

Capítulo 33
Harmonia Cósmica

A travessia pelo universo espiritual do tengriismo nos conduz, sem mapas nem promessas, à percepção de que tudo o que existe pulsa em um mesmo ritmo primordial. Não há palavra mais precisa para esse ritmo do que harmonia. Não uma harmonia ilusória, feita de ordem imutável e silêncio imposto, mas uma harmonia viva, vibrante, mutável como o vento nas estepes, que reconhece o conflito e a transição como partes do equilíbrio dinâmico da existência. No tengriismo, essa harmonia cósmica não é apenas um ideal filosófico — é uma realidade experienciável, vivida por meio da conexão entre o ser humano, o mundo natural e as forças invisíveis que atravessam ambos.

A essência do tengriismo sempre foi relacional. O ser humano não existe como entidade separada; ele é filho da Terra e do Céu, irmão dos animais, primo das árvores e sobrinho das montanhas. Isso implica uma responsabilidade cósmica: viver é participar ativamente de uma rede de relações que se estende além do que os olhos alcançam. Nesse contexto, cada ação tem consequência espiritual. Derramar leite ao amanhecer não é um gesto simbólico vazio, mas um reconhecimento do fluxo de dádiva entre o que se recebe e o que se devolve. Oferecer tabaco ao solo, acender o fogo com reverência, chamar pelo nome um espírito guardião — tudo isso são formas de manter viva a dança do equilíbrio.

A harmonia cósmica se expressa também na cosmologia tripartida que sustenta o pensamento xamânico: o mundo do meio, onde vivemos; o mundo de cima, lar das forças luminosas e da ordem; e o mundo de baixo, onde repousam os mistérios, as sombras e as forças que curam por confronto. Entre esses mundos, não há separação rígida, mas interpenetração constante. É nesse vai e vem que reside a sabedoria do xamã: subir aos céus para trazer mensagens, descer ao submundo para resgatar almas, retornar ao plano material para restaurar a saúde e a ordem. A harmonia cósmica se manifesta na fluidez com que os planos se tocam, sem hierarquia absoluta, sem exclusão. Cada mundo tem seu papel, e desprezar qualquer um deles é romper o equilíbrio.

É nessa perspectiva que se compreende a importância do ritual. O ritual é o fio que tece os mundos. É nele que o tempo comum se suspende e abre-se um espaço-tempo sagrado onde a harmonia cósmica pode ser restaurada ou reforçada. Quando um tambor ressoa sob a noite estrelada e uma voz entoa os nomes dos ancestrais, não se trata de nostalgia, mas de reconexão. Aquilo que estava disperso começa a convergir: os vivos e os mortos, os humanos e os não-humanos, o visível e o invisível. O ritual reequilibra não só os elementos exteriores, mas também os interiores —

as partes do ser que estavam em dissonância voltam a se ouvir.

No cotidiano, essa harmonia se traduz em ações simples, mas carregadas de intenção. O pastor que agradece ao rebanho antes do abate, o camponês que planta segundo as fases da lua, a anciã que sussurra bênçãos ao chá que oferece aos netos. Esses gestos sustentam um mundo que não foi cortado em pedaços, mas que permanece inteiro. E esse mundo inteiro não é menos real por ser invisível aos olhos distraídos. Pelo contrário: é ele que sustenta tudo o mais.

A harmonia cósmica também exige escuta. Escuta do que não fala com palavras: o silêncio das montanhas, o murmúrio dos rios, o sussurro do fogo. No tengriismo, aprender a escutar é talvez a virtude mais fundamental. Escutar os sinais da natureza, os sonhos, os presságios. Escutar a própria intuição como se fosse a fala de um espírito aliado. Escutar os anciãos não apenas com os ouvidos, mas com o corpo, com o tempo, com a humildade. Porque é na escuta que a alma aprende o lugar que ocupa dentro da vastidão.

Em termos práticos, essa escuta se traduz em formas específicas de agir no mundo. A agricultura respeitosa que não exaure o solo. A caça cerimonial que reconhece a dádiva do animal. A arquitetura que se orienta pelo sol e pelos ventos. A música que se afina com os sons da natureza. Todos esses aspectos, embora pareçam técnicos ou funcionais, são expressões de uma harmonia maior — aquela que existe entre o fazer humano e a inteligência do universo.

O tengriismo também ensina que essa harmonia não é algo que se conquista de uma vez por todas. Ela é frágil, transitória, exige constante manutenção. Como o cavalo que precisa ser escovado todos os dias, como o fogo que precisa de alimento, a harmonia precisa de atenção, de renovação, de cuidado. Isso significa que o ser humano é coautor da ordem cósmica. Não um mero espectador, nem um dominador, mas um participante ativo. Um jardineiro do invisível. E isso implica responsabilidade, vigilância e, sobretudo, devoção.

No mundo moderno, onde tudo é fragmentado, acelerado e quantificado, essa noção de harmonia cósmica pode parecer romântica ou ingênua. Mas basta olhar para as crises — ambientais, espirituais, sociais — para perceber que o desequilíbrio atual não é técnico, é ontológico. Falta uma visão de totalidade, uma ética do cuidado, uma espiritualidade que reconheça o outro — seja ele humano, animal ou montanha — como sagrado. O tengriismo oferece essa visão. Não como um sistema fechado, mas como um horizonte a partir do qual outras formas de vida são possíveis.

E talvez o mais importante: essa harmonia não é uma utopia distante. Ela pode ser tocada agora, neste exato instante, ao respirar com consciência, ao olhar para o céu com reverência, ao tocar a terra com respeito. Cada ser humano carrega em si a possibilidade de tornar-se ponte entre mundos, de ser um eixo de equilíbrio. O xamã, nesse sentido, não é apenas uma figura externa, mas uma função interna. Cada um pode ser o xamã de si mesmo, desde que aceite o chamado do

Céu e da Terra, e esteja disposto a caminhar entre as sombras e as luzes com coragem e humildade.

Ao final, o que o tengriismo ensina não é um conjunto de crenças, mas um modo de estar no mundo. Um modo que vê no céu uma presença viva, na terra uma mãe nutridora, nos ventos mensageiros, nos animais companheiros, nos rios mestres. Um modo que celebra os ciclos, honra os mortos, canta para os espíritos e dança com as estrelas. Um modo que lembra que a vida não é algo separado da espiritualidade — ela mesma é o rito, o templo, a oferenda.

Viver em harmonia cósmica, dentro da visão tengriista, é reconhecer-se como parte de uma sinfonia invisível onde cada ser tem sua nota, seu compasso, sua melodia singular. Quando esse reconhecimento acontece, até o gesto mais simples — como caminhar descalço na relva ou levantar os olhos ao céu antes de dormir — torna-se oração. Essa forma de espiritualidade não busca transcender o mundo, mas habitá-lo com inteireza. A harmonia, assim, não é uma abstração distante, mas uma prática encarnada: está na forma como se respira, se fala, se colhe, se silencia. E essa prática se renova a cada dia, porque o equilíbrio é movimento, jamais estado fixo.

Essa consciência de pertencimento não nega a dor nem o caos, mas os acolhe como parte do fluxo. O trovão tem tanto lugar quanto a brisa. A perda também ensina, o vazio também fala. Ao compreender isso, o praticante do tengriismo aprende a caminhar com leveza entre forças que não pode controlar, mas com as quais pode dialogar. A vida, então, deixa de ser uma batalha contra o destino e passa a ser uma dança com o mistério. É esse entendimento que dá profundidade à harmonia cósmica: ela não exige perfeição, apenas presença. Não exige certezas, apenas entrega. Não se sustenta na força, mas na escuta, no cuidado, no constante retorno ao centro.

Ao reconhecer que tudo é relação — com o céu, a terra, os espíritos, os outros seres e consigo mesmo — o indivíduo retoma seu lugar sagrado no círculo da vida. E nesse círculo, ninguém é mais importante que o outro, ninguém está acima ou abaixo: todos participam do mesmo sopro, da mesma dança cósmica. Essa é a lição que ecoa suavemente nas práticas, mitos, cantos e silêncios do tengriismo. Uma lição que, embora ancestral, permanece viva porque pulsa onde quer que alguém pare para ouvir o vento e lembrar-se de que a vida não está separada do sagrado — ela *é* o sagrado, em sua forma mais plena.

Epílogo

A Jornada Continua Dentro de Você

Não é possível sair incólume de uma travessia como a que você acaba de fazer. O que este livro revelou não são apenas práticas antigas ou fragmentos esquecidos de uma cultura ancestral — são chaves de uma espiritualidade que ainda pulsa, silenciosa, por entre os véus do mundo moderno. E agora que essas chaves lhe foram entregues, algo dentro de você mudou. Talvez discretamente, como o vento que muda de direção. Talvez intensamente, como o fogo que consome e purifica.

O Tengriismo, tal como apresentado aqui, não exige retorno literal às estepes, às tendas ou aos rituais xamânicos de outrora. O verdadeiro retorno que ele propõe é interior. É um reencontro com a essência que sempre esteve presente, mas que foi abafada pelo barulho da pressa, da desconexão e do esquecimento coletivo. Porque, em sua raiz mais profunda, essa sabedoria não pertence apenas aos povos turcomongóis: ela pertence ao ser humano. Ao ser que reconhece o céu com reverência, que toca a terra com cuidado, que escuta os ancestrais com humildade e que caminha com consciência entre mundos.

Os ensinamentos aqui reunidos não terminam com a última página. Pelo contrário, é a partir dela que começam a frutificar. Ao longo desta leitura, você foi conduzido por paisagens espirituais onde o céu não era metáfora, mas presença; onde a terra não era recurso, mas mãe; onde os espíritos não eram lendas, mas companheiros sutis. Cada conceito apresentado é uma semente. E como toda semente, ela precisa de tempo, escuta, sombra e luz. E sobretudo, de continuidade.

A espiritualidade proposta aqui não separa, não hierarquiza, não divide. Ela une. Une o visível e o invisível, o corpo e a alma, o humano e o não-humano. Nessa cosmovisão, o sagrado não é uma exceção à rotina — é a própria tessitura da vida. E compreender isso é compreender que cada gesto importa. Que cada palavra dita sob o céu é ouvida. Que cada decisão, mesmo a mais íntima, reverbera entre os mundos.

Ao longo destas páginas, você caminhou ao lado de xamãs, reis e anciãos. Escutou o vento que carrega os cantos esquecidos. Aprendeu que não há pecado, mas desequilíbrio; que não há salvação prometida, mas harmonia conquistada no dia a dia. Aprendeu que honrar os ancestrais é mais do que acender incenso: é viver de modo a não envergonhá-los. Que cuidar da terra é mais do que um ato ecológico: é uma forma de gratidão espiritual.

Mas talvez o maior ensinamento seja este: o céu nunca se afastou de nós — nós é que deixamos de olhar para ele. A boa notícia é que o céu continua lá. E continua disposto a ouvir. O retorno à espiritualidade verdadeira, portanto, não exige grandes reformas ou fugas da civilização. Exige, sim, uma reconexão íntima com o silêncio, com o corpo, com o fluxo natural da vida. Exige atenção. Reverência. Escuta.

A lembrança da alma nômade é, no fundo, um convite à leveza. A viver com menos ruído, menos rigidez, menos arrogância. E com mais escuta, mais presença, mais sintonia com os ciclos. O nômade sabia que não era o centro do mundo — era parte dele. Sabia que as forças invisíveis não exigiam medo, mas respeito. Sabia que o destino se escreve com os pés no chão e os olhos no alto.

E agora você também sabe.

O Tengriismo não propõe que você abandone tudo, mas que reveja sua forma de estar no mundo. Ele ensina que espiritualidade é, antes de tudo, qualidade de presença. Está na maneira como você se senta diante de uma fogueira ou diante de um estranho. Está na forma como você respira, como ouve, como age quando ninguém está olhando. Está na decisão de viver como parte do todo — e não como dono dele.

Ao fechar este livro, algo permanece aberto. Um ciclo foi encerrado, mas o caminho espiritual não se fecha. Ele apenas se torna mais visível, mais acessível. Você pode agora reconhecer os sinais com mais clareza. Pode ouvir com mais profundidade. Pode, enfim, viver com mais sentido. Porque o conhecimento aqui acessado não serve para ser apenas lido. Ele pede para ser vivido.

E isso começa agora. No gesto mais simples, na palavra mais honesta, no olhar mais atento para o céu. O que os antigos sabiam — e o que este livro lhe lembrou — é que a espiritualidade verdadeira não precisa ser ensinada, apenas despertada. E se ela despertou em você, mesmo que em lampejos, então já valeu.

Lembre-se: você é parte da linhagem que contempla o céu e reconhece a terra como sagrada. Você é parte da corrente que não quebrou, apenas adormeceu. E agora desperta. A jornada continua, e o tambor ainda soa. Que sua escuta seja profunda, que seu caminhar seja leve, e que sua alma, como os antigos, saiba dançar entre os mundos com sabedoria.

Que o Céu Eterno o inspire. Que a Mãe Terra o sustente. Que os espíritos ancestrais o acompanhem.

Sempre.